天下文化
BELIEVE IN READING

我已過了快樂的一生，感謝主。再會，願上蒼保佑所有的人。

—— 克里斯．麥克肯多斯

阿拉斯加之死

INTO THE

WILD

Jon Krakauer

強・克拉庫爾——著
莊安祺——譯

BLH 122

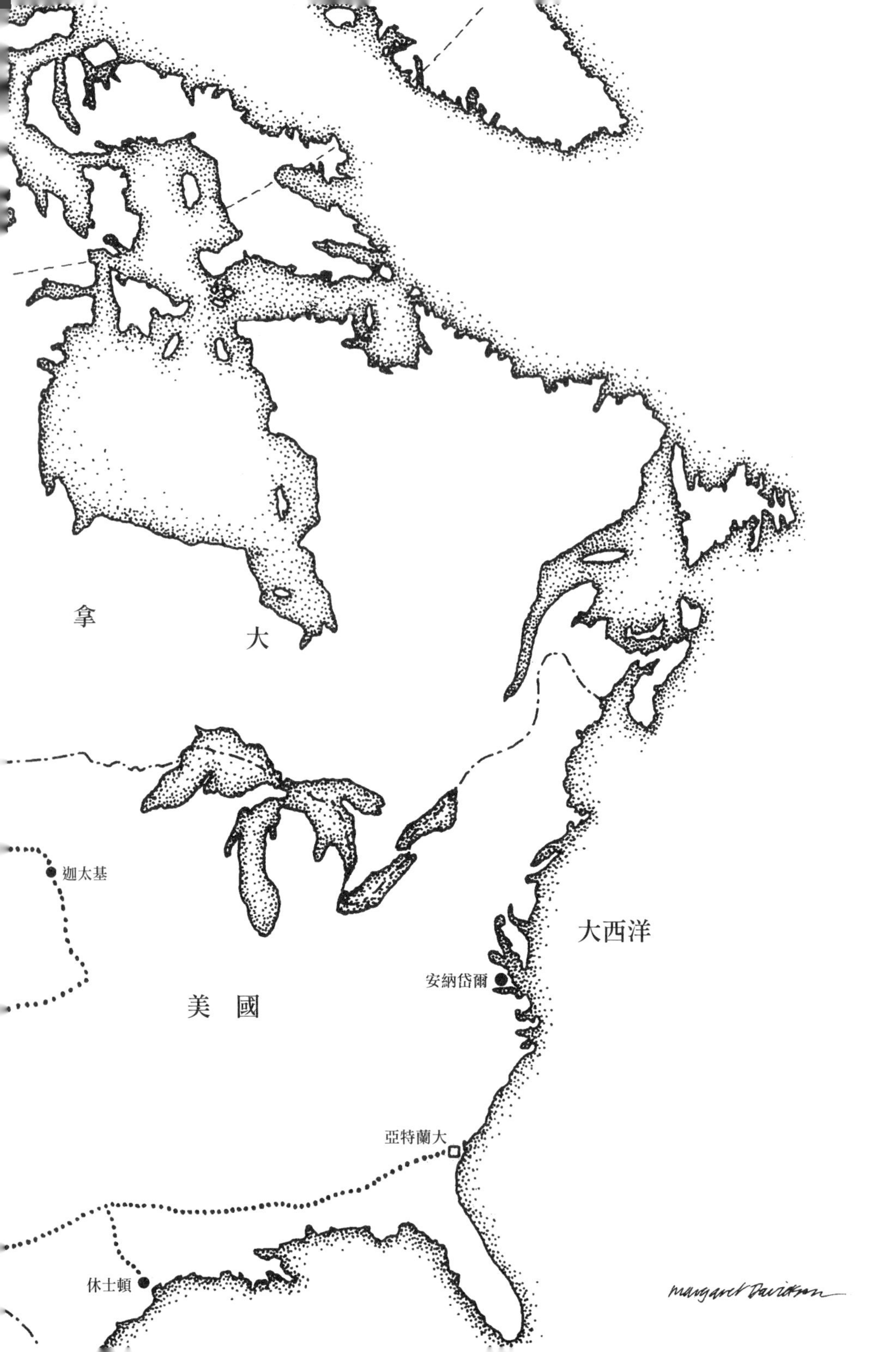
拿
大
迦太基
大西洋
安納岱爾
美
國
亞特蘭大
休士頓
Margaret Davidson

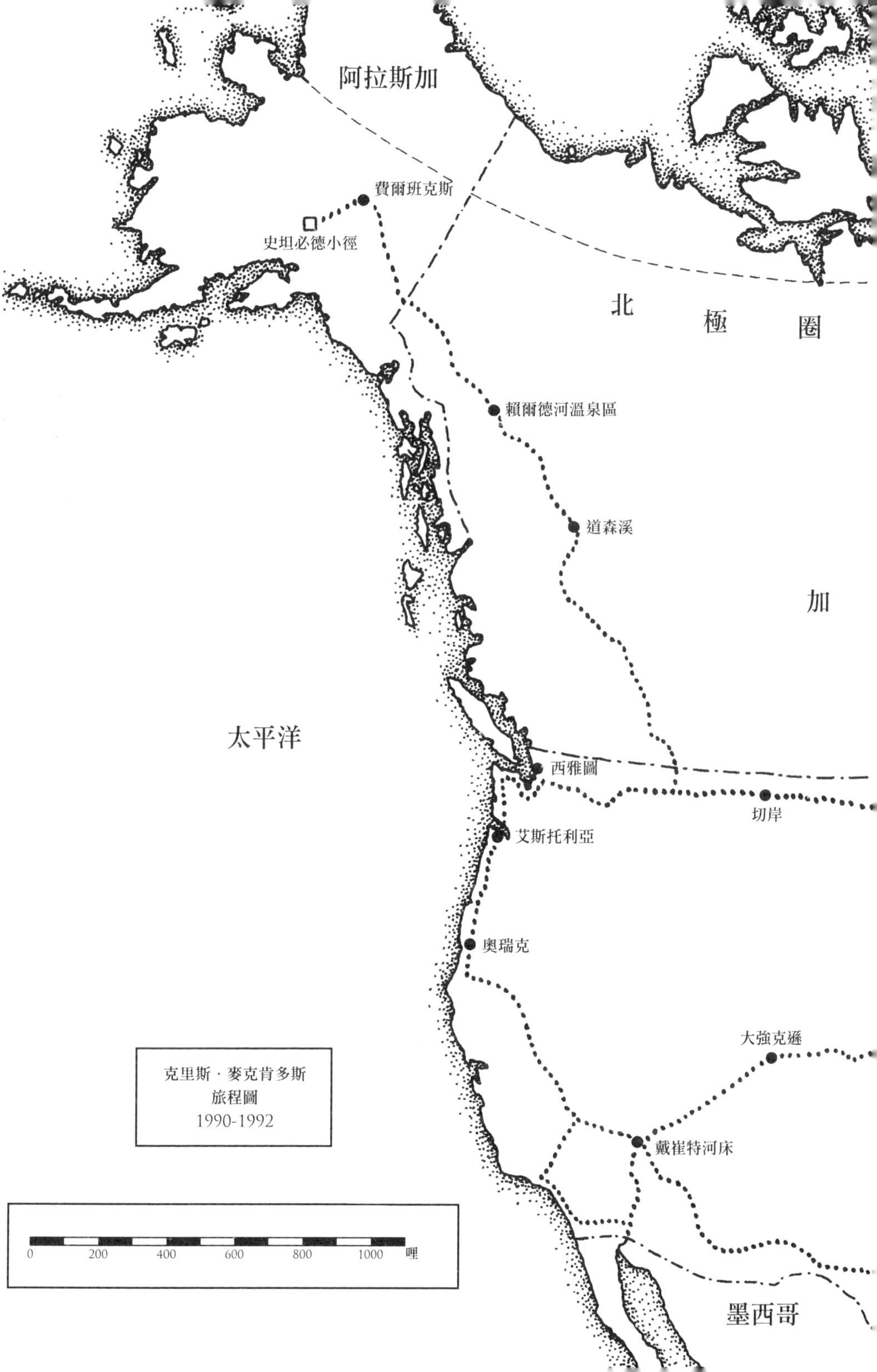
阿拉斯加
費爾班克斯
史坦必德小徑
北
極
圈
賴爾德河溫泉區
道森溪
加
太平洋
西雅圖
切岸
艾斯托利亞
奧瑞克
大強克遜
戴崔特河床
墨西哥
克里斯．麥克肯多斯
旅程圖
1990-1992
0
200
400
600
800
1000
哩

CONTENTS

序文
以生命為目標的勇敢追尋

李崇建　作家、教育家

這二十年來，我閱讀很多書，但是沒有一本像《阿拉斯加之死》一樣，留在我腦海裡這麼久，那麼令我印象深刻。

那是在二十一世紀初，我的登山導師歐陽台生，帶領著一批青少年，準備前往阿拉斯加，攀登北美第一高峰麥肯尼峰，我在那時遇見《阿拉斯加之死》。

歐陽台生是虔誠的登山家，他帶領的登山教育，入山前有敬山的儀式，入山後對環境尊敬。他帶學生攀登麥肯尼前，每天進行體能訓練，更要求須閱讀書籍，先行打開心靈的視野，《阿拉斯加之死》就是其中一本。

我閱讀《阿拉斯加之死》，身心靈魂如電流襲擊，當時，我說不出為何如此？

只能說此書太動人了。作者強．克拉庫爾既如實，又如詩一般的敘述，他選擇探索的角度，旁徵博引各探險家的文字，我閱讀時身心都呼應，每個細胞都在震顫，流露出奇妙的感動。

孩子們閱讀這本書，應帶來重大衝擊，好多人背起了背包，進行或長或短的浪遊，有孩子只是獨自一人，走在夜裡的山道上，有人從台北走回苗栗，有孩子約我去城市浪遊，身上只能帶一塊錢，吃住都沒著落，為期三天……。

對求生存的反思

克里斯是美國維吉尼亞的年輕人，一九九二年九月六日被發現，死在阿拉斯加山脈，一輛廢棄的巴士上。

克里斯從全美排名前二十的大學畢業，畢業後放棄世俗認為絕佳的工作，將帳戶中的兩萬四千美元捐出，之後在美國西南部一路打工與遊蕩了兩年，隻身前往阿拉斯加尋找自我，最終死於阿拉斯加的荒原。

我初讀這本書時，正當三十五歲的年紀。對於自認「一事無成」的我而言，克里斯放棄大好的前程，將自己「放逐」在光鮮之外，我其實並不真的理解，但又對他的選擇與經歷，充滿著無限的著迷與感動，我內在經歷著頭腦與心靈的衝突。正如我在山中任教一般，對於孩子能在體制解放，感到無比的歡欣與創意，但又憂心於孩子們的前途。

直到我年紀漸長，才漸漸了解生命的狀態。人們為了能穩定求生存，將自身投入一種軌道，從小就束縛了生命本身。

這是什麼意思呢？

人類發展了一套邏輯，這套邏輯是便利途徑，讓人能夠「存活得更好」，能夠擁有世俗的成功，因此成了一條輸送帶，從小要贏在起跑點上，好好讀書才叫上進，要懂得吃苦才能成功，要擁有多項才藝，要進入明星高中、大學，擁有令人稱羨的職業，才能擁有「美好的人生」。

然而，這一套邏輯的建立，恰恰常違反生命狀態，因為贏在起跑點上，需要付出相當的代價，往往犧牲生命的本質，只是為了「求生存」服務。

當學生考試名列前茅，比賽得了絕佳名次，是因為熱愛學習知識？歡喜於技藝帶來的感動？還是熱中於被羨慕？關注自己能被世俗看見？

因此常聽見「有成就」者，在中年時告訴我：「不知道為什麼而活？」

這些有成就者不乏「醫生」、「教授」、「律師」等世俗認可的職業。

哈佛大學教授亞瑟·布魯克斯，在其所著的《重啟人生》有一段：「很多職涯勝利組的人，其實私底下都很痛苦，而且幾乎毫無例外。」他從大腦的角度看人生，我則從求生存的角度來檢視。

什麼是生命呢？生命的本質是快樂，是一種生的喜悅感，一種深刻湧動的能量。人求生存的目的，不就是為了生命本身？

但是在現代文明社會，人類求生存的目的，卻可能戕害了生命。

這可以說明「內卷」這個詞，為何帶有非正面的意義？當人的努力集中求生存，可能使得人的發展遲鈍，只在某種簡單層次上重複，生命發展可能變得緩慢。

已故波蘭裔瑞士兒童心理學家愛麗絲·米勒，在《幸福童年的祕密》與《身體不說謊》等著作中，提及童年受創傷的人，經常會對大自然有所嚮往。

從上述觀點來看克里斯，就能一窺他浪遊的端倪。他出生於優秀的家庭，父親是NASA工程師，他一路求學順遂，讀到了美國的名校，這是一條標準的求生存軌道，他應能獲得主流認可的生活。

然而，他早就嚮往曠野，嚮往原始簡樸的生活，他喜愛閱讀《湖濱散記》、《野性的呼喚》，我不禁想像他早年生活，是否在一條既定軌道上，進行著理所當然的生存軌跡？這是否也算一種童年創傷？

二〇一八年哈佛學生詹青雲，有一段獲得勝利的辯論，當年被廣為流傳：「如果一個年輕人，在年輕的時代，完全知道一生要什麼，一生走下去從不後悔，沒問題，挺幸福的。可是現實是，這個決定對於大多數人來說，不應該在青年時代做……。」

生命與生存不是二元

然而提到生命與生存，很多人感到困惑，難道不該求生存？應該放任生命發展？這彷彿薩提爾模式：「指責」、「討好」、「超理智」與「打岔」，被歸類為四種求生存應對，大家都非常理解，但對於一致性應對，眾人常如墮五里霧中。一致性是個「選擇」，不是個「規則」，當人們遇到生存危機，一定需要捍衛自己時，怎麼不會用「討好」姿態，又怎麼不用「指責」反擊？

關鍵是人類文明的進化，已經脫離原始求生存，大部分都是安全的時刻，但生命無能歸納安然的選擇，常選擇慣性維持安全感，因此求生存姿態成了慣性。

生命與生存不應是對立，當生命的滋養飽滿了，誰不會好好求生存？

求生存的方式不同，求生存不需要浪費生命，不需要靠著「內卷」進行。所以求生存本身沒問題，但社會的發展忽略生命，讓人汲汲營營於求生存，形成扭曲的社會現象，那樣的求生存應被反省。

阿拉斯加在我心間

我後來完全能理解，克里斯為何如此追尋自我？因為投身自然之中，投入孤獨的浪遊裡，會喚醒內在靈魂的悸動，會體驗心跳、深刻感，以及一種擴張感，那是從不確定中帶來，混和著環境的臨在感，常被稱之為追尋自我。

我有過那樣深刻的感覺，童年在山林裡、溪流裡、樹木上，異地的長途行走，我常體驗豐沛的能量。這種全然投入的深刻，在日後學習身心靈之後，更敏銳且有覺知，方知早年生命體驗的能量。

我的成長歷程，不在主流裡發展，因為成績無法推我上前。在我的成長期間，父親對我壓迫不多，我仍然嚮往好的生存，只是嘴上不認同而已，因為一直在社會底層打滾，直到三十三歲到山中教書。

我閱讀《阿拉斯加之死》，也是在山中教書時刻，在我心靈產生了影響。我始終記得克里斯的故事，在意識中不斷發酵，之後的選擇常以生命為目標。於是四十歲時放棄教職，儘管當時收入甚高，教學受到各方肯定，我卻敢追尋更多可能，放棄穩定牢固的職業，不畏懼再回底層生存。

然而當生命漸漸飽滿，求生存也就變得更多元，創造力也源源不斷出現，讓生命與生存變得更豐盛。

十九世紀的德國，鼓勵青少年探索世界，被稱之為「漂鳥精神」。年輕人背起大背包，到陌生的異地旅行去，步行或搭便車，拓展生命的層次，將生命擴充成更大藍圖，也造就了德國的強盛。

如果克里斯沒有死呢？他的後半輩子會如何？也許他會漂流於山林？也許他會回歸社會，成為更有創造力的存在？也許回歸社會不久，生命又重感到委頓……。

克里斯漂流之後，會變得如何已不得而知。他最終死在阿拉斯加，成就了一本浪遊的書，影響著無數存在的生命，可能是他所始料未及吧？

作者序

一個唯美旅人的殞落

一九九二年四月，一名出身美國東岸富裕家庭的年輕男子，一路搭便車到阿拉斯加，單獨步入麥金萊山北邊的曠野。四個月後，一群麋鹿獵人發現他腐爛的屍體。

就在屍體發現後不久，我應《戶外》（*Outside*）雜誌之邀，報導這名青年死因之謎。這個青年的全名為克里斯多福．強森．麥克肯多斯（Christopher Johnson McCandless），在華府近郊一個優渥的社區長大，不但成績優異，也是運動菁英。

一九九〇年夏，克里斯以優異成績自艾默瑞大學畢業，此後家人就失去他的音訊。他改名換姓，把銀行帳戶中兩萬四千美元的存款悉數捐給慈善機構，放棄了車子和大部分財產，還把身邊的現金全都燒掉。

此後他開始全新的生活，自處於社會邊緣，在北美大陸漂泊，追尋超越物質的原始經驗。他的家人完全不知道他的下落，也不知道他有什麼樣的遭遇，直到他的遺體出現在阿拉斯加。

為了趕上緊迫的截稿時間，我寫了九千字的文章，刊登於一九九三年一月的雜誌上。但我對克里斯的興趣，卻在書報攤換上新雜誌之後，仍縈懷不去。我對這個男孩餓死的細節，以及我們生命中某些隱約令人心神不寧的相似之處深感困惑。我不願就此放棄，於是花了一年多的時間，著了魔似地重新探索使他走向阿拉斯加松林的死亡之路，並追蹤他旅程的細節。為了了解克里斯，我勢必也要反省其他更深更廣的課題：曠野對美國人的吸引力、高危險活動對年輕人的誘惑、父子之間的沉重關係。這些曲折的調查結果就是讀者面前的這本書。

我不能說自己是個不偏不倚的傳記作家；克里斯奇特的故事打動了我個人的心弦，因此要不動感情地記述這個悲劇是不可能的。在本書中，我已經盡量減少作者的存在——而且我想大致上也成功了。但我還是要提醒讀者；我將自己年輕時的片段，穿插在克里斯的故事之中，主要是希望我個人的經驗能夠為克里斯的謎，做一點詮釋。

克里斯是個極端熱情的年輕人，頑固的理想主義使他無法適應現代生活。他著迷於托爾斯泰的作品，特別景仰這位偉大的小說家能夠拋開財富和特權，優游於貧窮的世界。在大學時，克里斯就開始仿效托爾斯泰的禁欲主義和道德上的剛正不屈，其程度使親近他的人先是驚訝，後來轉為憂慮。當他前往阿拉斯加松林時，並未幻想前往滿溢奶香與蜜糖的沃土；相反的，他想追尋的是危險、逆境以及托爾斯泰式的克己，在此行中，他正充分體驗了那一切。

只是在十六週的嚴酷考驗中，克里斯太過堅持自己的理想。的確，要不是由於一、兩個看來並不明顯的疏忽，他可能已經在一九九二年八月走出了松林，一如他在四月間步入松林時一樣不為人知。然而，他無心的錯誤卻成為無法挽回的關鍵，以致於他的名字上了小報的頭條，並留下不知所措的家人為他承受痛苦。

被克里斯生與死的故事感動的人，出乎意料地多。在《戶外》雜誌那篇文章刊出之後的數月中，讀者來函的數量遠超過該刊任何一篇文章的回響。正如我們所預期的，這些來函反應出截然不同的觀點：有些讀者非常讚賞這個男孩的勇氣和崇高的理想；有些人則嚴詞譴責他是個瘋子、是個有勇無謀的白痴、是個怪人、是個因驕傲和愚蠢而毀了自己的自戀狂，根本不值得媒體小題大作。我個人的看法將在以下的文章中表達，但我願讓讀者擁有他們自己對克里斯的意見。

一九九五年四月
於西雅圖

獻給琳達

第1章
走入曠野

一九九二年四月二十七日

寄自費爾班克斯的問候！
韋恩，這是你最後一次聽到我的消息。
我兩天前抵達此地，
在育空地區搭便車不太容易，不過我終究還是到了。

請把所有寄給我的信都退回給寄件人，
我可能要很長一段時間才會回到南方。
如果我在這次冒險中喪生，而你將不會再聽到我的音訊，
那麼，我想先告訴你，你是個好人。
現在我要邁向曠野。亞歷克斯。

── 明信片，收件者是南達科他州迦太基市的
韋恩・韋斯特柏（Wayne Westerberg）

吉姆．加利恩（Jim Gallien）駛離費爾班克斯四哩時，看到一位旅人站在路旁雪地中，大拇指舉得高高的，在阿拉斯加黯淡的黎明中顫抖。他看起來年紀不怎麼大：大概十八歲，頂多十九。一支來福槍從這名年輕人的背包中伸出來，但他看來很友善；在這美國的第四十九州中，帶著雷明頓半自動來福槍的旅人，並不會讓駕駛人猶豫害怕。加利恩把卡車開上路肩，叫那名男孩上車。

旅人把背包甩上福特車身，自我介紹他叫亞歷克斯。「亞歷克斯？」加利恩應道，想要釣出他的姓。

「就叫亞歷克斯。」年輕人答道，直率地拒絕了他的餌。五呎七、八，體格瘦長強健的他自稱二十四歲，來自南達科他州。他表示想搭便車到狄納利國家公園邊上，然後步入深林，「在那兒遠離塵囂，住上幾個月。」

加利恩是電工技師，當時在距離狄納利公園兩百四十哩的喬治帕克斯公路上，正要前往安克拉治。他告訴亞歷克斯可以隨時下車。亞歷克斯的背包看起來只有二十五或三十磅，習於森林生活的老練獵人加利恩對此感到很驚訝——只用這麼輕的裝備，要在林間待上幾個月，尤其是在早春，簡直是不可能。加利恩回想道：

「做這種長時間旅行應有的裝備，在他身上幾乎看不到。」

太陽出來了。他們由塔納納河畔林木蓊鬱的山脊蜿蜒而下，亞歷克斯凝視著向南延伸被風吹亂的整片苔原，加利恩懷疑他是不是像其他來自美國本土的狂想者一樣，到北方來體驗思慮欠周的傑克・倫敦（Jack London）式幻想。阿拉斯加一向對夢想者和社會適應不良者有極大的吸引力，人們總認為這塊遼闊的最後處女地，能夠彌補他們生命中所有的缺憾，然而這片原野卻是不仁之地，不在乎人們的希望或期待。

加利恩以響亮而緩慢的語調說：「外來的人總是拿起一份《阿拉斯加》雜誌，隨手翻翻，就打算：『我要到那兒去，遠離塵囂，享受一下。』但當他們到了這裡，真的走入林間，就發現一切和雜誌上寫的完全不同：河流又寬又急；蚊子隨時叮咬；在大部分地方，都沒有什麼動物可供打獵。住在林間可不是件輕鬆的事。」

由費爾班克斯到狄納利公園邊，開車要兩小時。在這期間，他們聊得愈多，加利恩就愈覺得亞歷克斯並不瘋狂；他友善，似乎受過良好教育。他向加利恩提出許多思慮周詳的問題，以及在曠野中求生的小技巧，諸如他可以吃哪些漿果等等。

不過加利恩還是擔心。亞歷克斯承認，在他背包中唯一的食物是一包十磅的米。四月間，阿拉斯加依然覆蓋在冬雪之下，就內地惡劣的生活狀況看來，他的裝備似乎過少。亞歷克斯的廉價皮製行軍靴既不防水，絕緣效果也不好。他的來福槍只有點二二口徑，如果要射殺像麋鹿和馴鹿之類的大型動物，恐怕太小，而如果他要長期待在林間，勢必得靠這些動物的肉維生。此外，他沒有斧頭、沒有防蟲藥、沒有雪鞋、沒有指南針。他身上唯一的導向輔助品，是從加油站弄來，且已破破爛爛的本州地圖。

史坦必德小徑

出了費爾班克斯一百哩後，公路開始爬上阿拉斯加山脈的山麓。亞歷克斯打開他簡陋的地圖，指向在礦城希利附近一條與公路交會的紅色虛線，這條虛線代表「史坦必德小徑」，由於很少人走，所以在大部分的阿拉斯加道路圖上都沒有標示。然而在亞歷克斯的地圖上，這條間斷的線卻由帕克斯公路向西蜿蜒達四十哩左

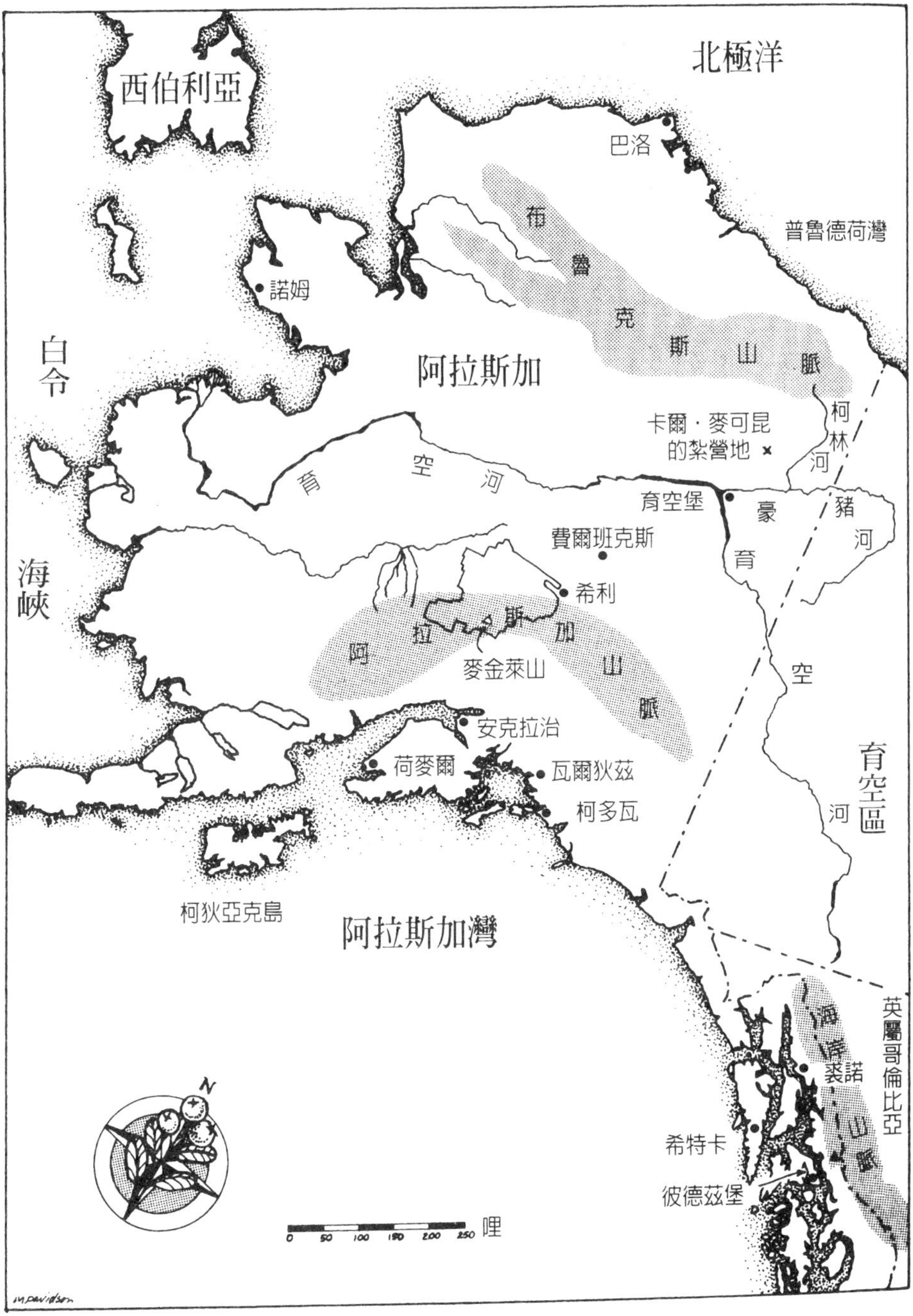
北極洋
西伯利亞
巴洛
布魯克斯山脈
普魯德荷灣
諾姆
白令海峽
阿拉斯加
柯林河
卡爾·麥可昆的紮營地
育空河
育空堡
豪豬河
費爾班克斯
希利
阿拉斯加山脈
麥金萊山
安克拉治
荷麥爾
瓦爾狄茲
柯多瓦
育空區
柯狄亞克島
阿拉斯加灣
英屬哥倫比亞
海岸山脈
裘諾
希特卡
彼德茲堡
N
0 50 100 150 200 250 哩
m.Davidson

阿拉斯加全圖

右，才漸漸消失在麥金萊山北部無跡可循的曠野中。亞歷克斯告訴加利恩，這就是他打算要去的地方。

加利恩覺得這名旅人的計畫太魯莽，一再想勸阻他：「我告訴他，他要去的地方打獵並不容易，可能走好幾天，都捉不到任何獵物。但沒有用。我試著說灰熊出沒的故事來嚇他，並告訴他一支點二二的來福槍對灰熊恐怕沒有任何用處，反而會激怒牠。亞歷克斯看起來不怎麼擔心，他只說『我會爬上樹去。』為此我向他解釋，那裡的樹長不大，熊可以不費吹灰之力就推倒瘦小的黑針樅，但他一點也聽不進去，不論我說什麼，他都自有答案。」

加利恩提議要一路送亞歷克斯到安克拉治，為他買些合適的裝備，再送他回他想要去的地方。

「不，謝了，」亞歷克斯說：「現有的這些東西就夠了。」

加利恩問他有沒有打獵執照。

「老天，當然沒有，」亞歷克斯嗤之以鼻：「我怎麼填飽自己的肚子與政府完全不相干，去他的鬼規定！」

加利恩還問他，有沒有家人或朋友知道他要去哪裡——如果他碰上麻煩或是逾時未歸，有沒有人會通知大家。亞歷克斯鎮定地回答沒有，沒有人知道他的計畫。事實上，他已經快兩年沒有和家人說話了。他向加利恩保證：「我不會有事的，我不會碰自己無法處理的事。」

「我就是沒辦法說服他，」加利恩回憶道：「他已經下定決心，非常起勁，他給我的感覺是『興奮』，他簡直等不及要前往那裡，開始進行他的偉大旅程。」

在離開費爾班克斯三小時之後，加利恩駛下公路，把他破破爛爛的四輪傳動小卡車開到覆滿雪的小路上。史坦必德小徑的前幾哩還保養得不錯，路旁小木屋散落在針樅和白楊樹叢中。然而最後一間小木屋之後的路卻變得很糟，由於遭水沖蝕，長滿赤楊，路面崎嶇不平且無人維修。

夏天時，這裡的路面雖然簡陋，至少還可以行走；但現在卻覆蓋了一呎半泥濘的春雪，因而無法通行。在距公路十哩處，加利恩擔心如果再繼續行駛，車子會陷入雪中，因此他把車停在緩坡頂。北美最高山脈的冰峰在西南方的地平線閃爍。

亞歷克斯堅持要加利恩收下他的手錶、梳子，和他全部的財產：八十五分的零錢。加利恩拒絕：「我不要你的錢，而且我自己就有手錶。」

「如果你不收下，我要把它丟掉了。」亞歷克斯愉快地回答：「我不想知道時間，不想知道日期，也不想知道我在哪裡。這些都不重要。」

亞歷克斯離開車子前，加利恩從車後拉出一雙舊的橡皮工作靴，要這男孩把它們帶著。「那雙靴子對他而言太大了，」加利恩回憶道：「但我告訴他：『穿兩雙襪子，你的腳應該能夠保持溫暖乾燥。』」

「我欠你多少？」

「別管這個。」加利恩答道。接著他又給男孩一張紙片，上面有他的電話號碼，亞歷克斯小心翼翼地把它收到尼龍錢包裡。

「如果你活著回來，打個電話給我，我會告訴你怎麼把靴子還給我。」

加利恩的妻子為他準備了兩個烤芝士鮪魚三明治和一包脆穀片做午餐，他說服這名年輕人也把食物帶走。亞歷克斯由背包拿出相機，請加利恩為他拍一張肩負來福槍站在小徑路口的照片；接著他咧嘴微笑，消失在覆滿白雪的路上。那天是一九九二年四月二十八日，星期二。

加利恩把卡車調頭，駛回帕克斯公路上，繼續朝安克拉治前進。開了幾哩路之後，他到達希利小鎮，當地有阿拉斯加州警駐站。加利恩猶豫了一下，想著要不要停車向警方報告亞歷克斯的事，後來還是決定算了。他後來解釋當時的想法：「我想他不會有事的，他可能很快就會因為肚子餓而走回公路上。任何正常人都會這麼做。」

第2章

旅人之死

傑克・倫敦是君主
亞歷山大・超級遊民
一九九二年五月

—— **亂刻在木頭上的字跡，在克里斯死亡之處發現**

幽暗的針樅林陰鬱地矗立在冰封的水道兩側，
風才剛颳除了樹頂的白霜，樹影相互依附，
在逐漸黯淡的光線中，顯得陰暗而不祥。
無邊的沉寂籠罩著整片土地，其上杳無人煙；
沒有生命，沒有動作，孤寂而寒冷，甚至「悲傷」二字都無法形容。
其中雖隱約有笑聲，但是這種笑聲卻比任何悲傷更恐怖——
如獅身人面像的微笑那般哀傷，如冰霜那般寒冷，散發出宿命的冷酷。
這是專橫而無從傳達的永恆智慧，在嘲笑生命的努力和徒勞。
那是曠野，原始冰封的北地曠野。

—— **傑克・倫敦，《白牙》**

在阿拉斯加山脈的北緣，就在龐大的麥金萊山系降為低平的坎蒂希納平原之前，有一列較低的山脈，稱作「外山」，四散在平原上，就像皺巴巴的毯子丟在凌亂的床上。外山的急斜面在最外端兩座燧石山頭之間，形成東西向的凹槽狀，長達五哩左右，其上平鋪著錯落的苔沼、赤楊和細瘦針樅。蜿蜒穿過糾結低地的是史坦必德小徑，也就是克里斯走入曠野的路徑。

這條小徑在一九三〇年代，由傳奇的阿拉斯加開礦人厄爾・皮葛林姆（Earl Pilgrim）開拓，可通往在托克勒特河的清水支流上，他擁有股份的史坦必德溪銻礦區。一九六一年，費爾班克斯有一家育丹建設公司，得到新的阿拉斯加州政府合約（阿拉斯加在一九五九年才立州），負責維修這段小徑，讓它成為終年可供卡車載送礦沙的道路。育丹公司買了三輛報廢的巴士，配上簡陋的床鋪和簡單的桶狀爐子，裝在D－9卡特皮勒卡車後，送入荒野，供修路工人居住。

這個計畫在一九六三年停了下來，一共造了約五十哩的道路，但在它所交會的河流上，卻沒有建任何橋梁。不久路面因永凍層的融化和季節性的洪水而無法通行，因此育丹公司把兩輛巴士拖回公路上，第三輛則留在小徑的半路上，供獵人或設陷阱的捕獸人做為臨時避難處。建造工程結束三十年後，大部分路基都因洪水、樹林和海狸建的水塘而沖失，但巴士依然存在。

一四二號公車

這輛被遺棄的車輛是四〇年代國際收割機公司的老古董，在狄納利國家公園的邊界旁，位於希利西方二十哩、烏鴉群飛的史坦必德小徑旁雜草堆中，鏽跡斑斑，和周遭環境非常不協調。巴士的引擎老早不見了，窗戶也被敲破或整個消失，破威士忌酒瓶散落滿地，綠白相間的漆也氧化了。飽經風霜的字母顯示，這輛舊巴士過去原是費爾班克斯市公車的一員：一四二號公車。如今，可能六、七個月內，都不會有人經過這輛巴士。但在一九九二年九月初的某個下午，卻有六個人先後出現在巴士旁。

一九八〇年，狄納利國家公園把坎蒂希納山和外山最北邊的山脈納入園區，但卻遺漏了一塊低地：這是一塊稱作「狼鎮」的長形地，包括了史坦必德小徑的前半

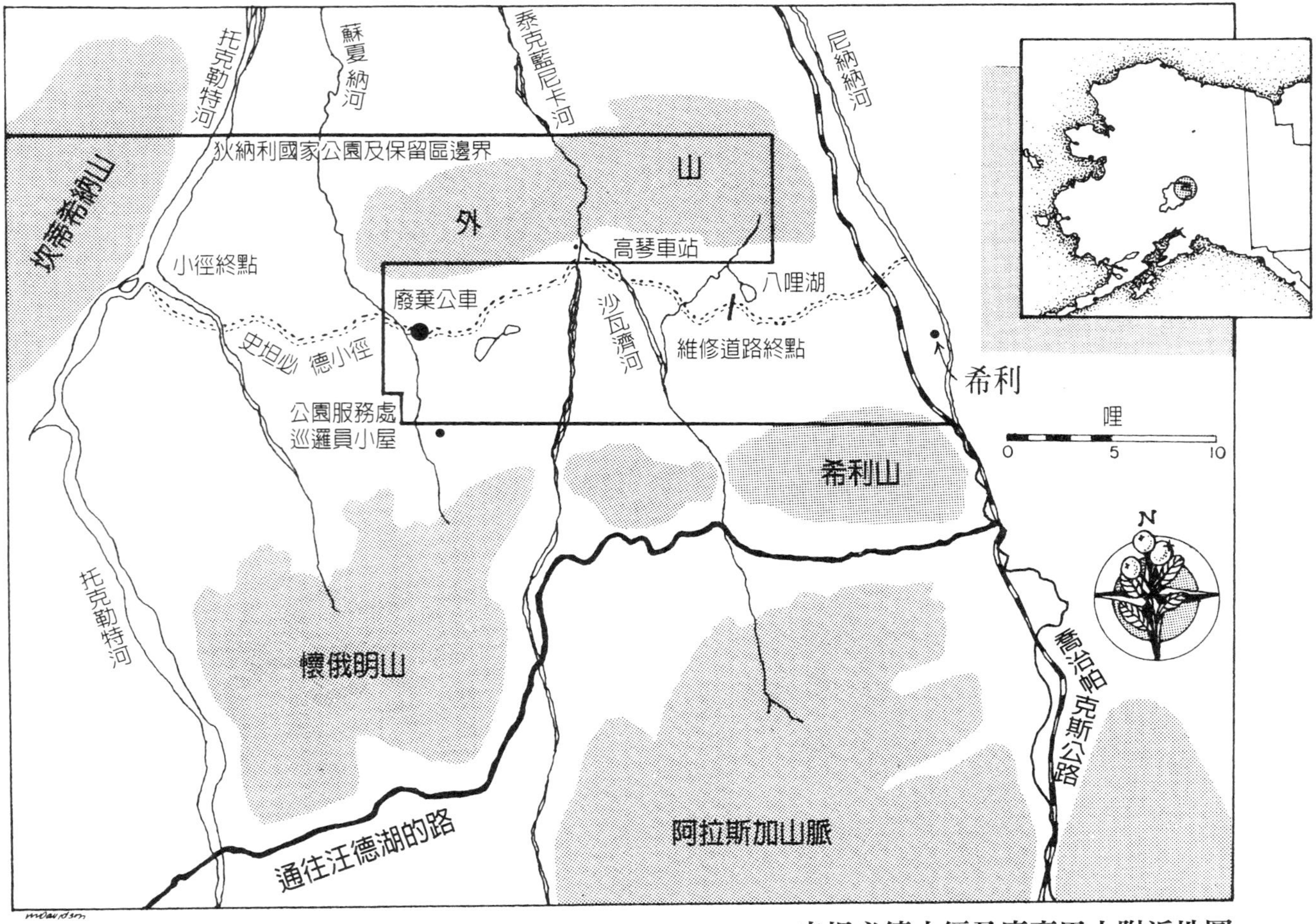

史坦必德小徑及廢棄巴士附近地圖

部。這塊長二十哩、寬七哩的區域有三面由國家公園所包圍，因此庇護了為數眾多的狼、熊、馴鹿、糜鹿和其他獵物。當地知道這個奧妙的獵人和捕獸者，都小心翼翼地保守這個祕密，一等秋天糜鹿季節開始時，獵人就會前往位於蘇夏納河非公園區最西方、離公園邊界兩哩不到的舊巴士那裡。

安克拉治一家修車廠的老闆肯・湯普森（Ken Thompson）、員工戈登・山繆（Gordon Samel）和他們的建築工人朋友費迪・史瓦森（Ferdie Swanson），於一九九二年九月六日出發前往巴士所在地，尋找糜鹿的蹤跡。要抵達這個地方並不容易，在史坦必德小徑維修路面後約十哩處，會碰上泰克藍尼卡河，這是一條湍急而冰冷的河，河水因冰磧而呈不透明。小徑和河岸交會處正是河水由窄峽逆流之處，河水穿過窄峽，激起洶湧的白色浪花。一想到要涉水穿過這條渾濁急流，就教大多數人畏縮卻步。

不過，湯普森、山繆和史瓦森卻是不輕易退卻的阿拉斯加人，特別喜歡將車開到不適於汽車行駛的地方。抵達泰克藍尼卡河後，他們不願走河岸，直到找到一塊又寬又有較淺水道的分叉地點，他們向前駛入河內。

湯普森說：「當時我先走，河面可能有七十五呎寬，水流非常急。我的車是高車身的八二年道奇四輪傳動車，裝有三十八吋的橡皮輪胎，水一直淹到引擎蓋，我還以為我過不去了。山繆車前有八千磅的絞盤，我要他緊跟在後，萬一看不到我時，好把我拉出來。」

湯普森順利抵達河的另一岸，山繆和史瓦森駕著卡車跟在後面。在兩輛卡車上裝有輕型多功能車輛：一輛三輪，一輛四輪。他們把大車停在碎石灘上，卸下多功能車輛，乘上這種較小型、較好控制的機器，繼續朝巴士而去。

求救紙條

小徑在過河幾百呎後消失在一堆海狸所建、深度及胸的水塘裡。這三名阿拉斯加人並沒有因此退縮，他們用炸藥炸毀了海狸用桿子堆築的惱人水塘，讓塘中的水流乾，接著繼續前行，爬上小溪崎嶇的河床，穿過茂密的赤楊叢。當他們終於抵達巴士所在位置時，已經是近傍晚的時候了。湯普森說，他們到那裡的時候，發現

「一對來自安克拉治的男女站在五十呎遠處，看起來有點害怕。」
他們沒有進入巴士，但從站的地方就可以聞到「車裡傳出一股惡臭」。有人把舞者常穿的紅色毛線保暖襪當作信號旗，繫在車子後門的赤楊樹枝末梢。車門半開著，門上貼了一張教人不安的紙條，是由果戈里的小說中撕扯下來的，紙上以整齊的字體寫著：

S·O·S·我需要你的援助。我受了傷，瀕臨死亡，過度虛弱而無法離開此地。我孑然一身，這不是開玩笑。看在上帝的分上，請停下來救我。我在附近採漿果，晚上就會回來。謝謝。

克里斯·麥克肯多斯
八月？

這張紙條的訊息以及車內傳出的強烈臭味，讓那對男女不敢檢視車內，山繆於是鼓起勇氣一探究竟。他由窗戶窺視，看到一支雷明頓來福槍、一塑膠盒的子彈、

八、九本平裝書、幾條破牛仔褲、鍋具，和一個昂貴的背包。在車子最後，一張馬虎將就的床上，可以看到一個藍色的睡袋，似乎有什麼東西或人在裡面。不過山繆說：「當時很難百分之百確定。」

山繆繼續說：「我站在樹樁上，由後窗爬進去，搖了搖睡袋，裡面的確有東西，但不論那是什麼，重量都很輕。一直等我走到另一頭，看到一個頭伸出睡袋，才確知裡面究竟是什麼。」當時，克里斯已經死亡兩週半。

山繆是個很有主見的人，認為屍體應該立刻運走。他和湯普森的小車上都沒有空間能夠把屍體拖運出去，安克拉治那對男女的多功能車也沒有空間。一會兒之後，第六個人出現了，他是來自希利的獵人布契．奇利安（Butch Killian）。奇利安駕駛一種大型兩棲八輪多功能車（Argo），因此山繆建議奇利安護送遺體，但奇利安拒絕了，他認為這是阿拉斯加州警的任務。

奇利安是煤礦工人，在希利義務消防隊兼任緊急醫療技師，他的車上有雙向無線電。他不願由該地載走屍體，於是退回公路上，沿著小徑走了五哩，在天黑之前，終於和希利電廠的無線電通訊員聯絡上了：「這是奇利安，麻煩趕快通知州警。有一個人在蘇夏納河邊的巴士裡，好像已經死亡一陣子了。」

第二天早上八點半，警方直升機捲起一陣塵土和白楊葉旋風，嘈雜地降落在巴士附近。州警匆匆地檢視這輛車子和附近的情況，確定沒有謀殺的跡象後離去。他們飛離時，帶走了克里斯的遺體、相機和五卷拍過的底片、求救的紙條以及日記——在最後兩頁寫了可食植物的實地指南，日記中也以一百一十三條簡短如謎一般的條目，記錄了這名青年的最後生活。

克里斯的遺體被送到安克拉治，在科學犯罪偵察實驗室中驗屍。屍體腐爛得很嚴重，幾乎不能判斷他究竟是何時死亡的，不過驗屍官沒發現大的內傷或骨折的跡象。遺體內已經沒有任何皮下脂肪，肌肉在死亡數日甚或數週前也已嚴重萎縮。在解剖時，克里斯的遺體只有六十七磅（約三十·五公斤），最可能的死因是飢餓。

克里斯的簽名寫在求救紙條上；照片洗出來後，其中有許多他的相片。但因為遺體上並無可供辨識的證件，警方不知道他究竟是誰，來自何處，為什麼在那裡。

第3章

亞歷山大・超級遊民

我想要的是躍動的、而非安逸的生命歷程；
爲了所愛，我寧可冒險犯難、犧牲自己。
我感到自己有著豐沛無比的精力，
但在我們寧靜的生活中，卻找不到宣洩管道。

── 托爾斯泰，《家庭幸福》；克里斯遺體附近發現的書本劃線段落

四處旅行總令人興奮，這點無法否認。
在心底深處，旅行讓我們得以自歷史、律法、壓迫感
和令人厭煩的義務中逃離，
它代表了完全的自由，而這條路總是引向西部。

── 史泰格納，《生活在美西》
（Wallace Stegner, *The American West as Living Space*）

居民只有兩百七十四人的南達科他州迦太基市，就像個昏昏沉沉的小聚落，護牆板屋、小庭院、飽經風霜的磚造店面，由一望無際的北部平原卑微地立起，在時光之流中漂泊，莊嚴的白楊成排遮蔭著一條少有車輛打擾的街道。鎮上有一間雜貨店、一家銀行、唯一一家加油站、一間孤零零的酒吧——「餘興」，韋恩就在其內一邊喝雞尾酒，一邊嚼甜菸草，回想他所認識的奇怪青年亞歷克斯。

「餘興」貼了三夾板的牆上掛著鹿角、啤酒廣告和獵禽展翼的幼稚圖畫。穿著工作服、戴著覆滿灰塵牧場帽的農夫，群聚在一起吐著菸圈，他們疲憊的臉孔就如煤礦工人一樣骯髒。他們以簡短而實際的詞句大聲地談論多變的天氣，擔心向日葵田太潮濕而無法收成；在他們頭上，總統候選人裴洛（Ross Perot）鄙夷的臉龐在無聲的電視螢光幕上閃動。八天之後，全國人民將會選柯林頓為總統。此時距離克里斯的屍體在阿拉斯加被發現，已經快兩個月了。

「這是亞歷克斯以前常喝的，」韋恩皺著眉，邊攪著「白俄羅斯」酒裡的冰塊：「他總是坐在酒吧那一頭，告訴我們他驚人的旅遊故事；他可以一連說上數小時。鎮上許多人都很喜歡小亞歷克斯，他有很多奇特的經歷。」

韋恩是個體魄強健的人，肩膀厚實，蓄黑色山羊鬍子。他自己有兩個穀倉，一個在迦太基，另一個距鎮上僅數哩，但每年夏天他都組成聯合收割打穀團，由德州到加拿大邊界，跟著穀子的收成四處跑。一九九〇年秋天，他在蒙大拿州中北部為酷爾思以及安海斯—布希啤酒廠收割大麥，即將結束收成季節。九月十日下午，他為一架故障的收割打穀機買零件之後，駕車離開切岸，遇上一名旅人攔車，這名友善的年輕人自稱是「亞歷克斯．麥克肯多斯」。

這個年輕人並不高大，體魄如臨時工般強健，眼神流露某種令人著迷的特質，深邃而充滿情感，可能他有異國血統——也許是希臘，也許是印第安吉布瓦（Chippewa）族，敏感而脆弱，讓韋恩忍不住想多關照他。韋恩描述道，克里斯有著受女人喜愛的俊俏臉龐，他的臉部有一種神奇的靈活性：前一分鐘還鬆垮垮的，面無表情，後一分鐘卻突然咧嘴大笑，五官扭曲，露出一嘴像馬一樣的牙齒。他有近視，戴著金屬框架眼鏡，看起來飢腸轆轆的樣子。

克里斯上車十分鐘後，韋恩在艾斯瑞吉鎮上停留，送個包裹給朋友。韋恩說：「我的朋友請我們倆喝啤酒，並且問亞歷克斯多久沒吃東西了，他承認好幾天沒進食，因為他錢用完了。」朋友的太太聽到後，堅持要為克里斯煮頓豐盛的餐點，他狼吞虎嚥，接著就在餐桌上沉沉入睡。

克里斯原來告訴韋恩他的目的地是薩可溫泉，在二號公路朝東兩百四十哩處，他由某些有車的遊民處得知這個地方。韋恩回答他只能載克里斯沿這條路再走十哩，然後他就得往北朝桑勃斯特去了，他在那裡收割穀子，他的拖車就停在附近。但等到韋恩駛上路肩準備放克里斯下車時，已是晚上十點半，且大雨滂沱。韋恩說：「天哪，我真不想把你留在這該死的大雨裡。你有睡袋，乾脆來桑勃斯特，在拖車裡將就一晚？」

溫情迦太基

克里斯和韋恩一起待了三天，每天早上和其他工人一起駕著割穀機外出，越過成熟的金黃色穀海。在和克里斯分道揚鑣之前，韋恩告訴這名年輕人，如果需要工作，可以到迦太基找他。

韋恩回憶道：「沒有幾天，亞歷克斯就出現在鎮上。」他雇了克里斯在穀倉工作，還在他的兩棟房子中，租給他一間廉價的房間。

韋恩說：「多年來，我曾經雇用許多旅人，他們大部分都不怎麼好，並不是真的想工作。但是亞歷克斯不同，他是我見過最認真的人，不論什麼工作，他都全力以赴：勞力粗活、骯髒發臭的穀子、由洞裡撈出來的臭老鼠——這麼骯髒的工作，你根本不知道一天結束後，自己會成什麼樣子。不論做什麼，他絕不半途而廢，如果他開始工作，一定要把它完成才罷休。這對他簡直成了道德法則，他就是那種所謂極端道德的人，對自己設了極高的標準。」

「你立刻就會發現亞歷克斯很聰明，」韋恩邊回想，邊喝下第三杯飲料：「他讀很多書，用很多很難的字，我想他會碰上麻煩，部分原因也就在於他想得太多了。有時候他太努力要讓世界有意義，想理解為什麼人們互相傷害。有幾次，我想要告訴他，這些事想太多不好，但亞歷克斯很固執，他總要得到完全正確的答案，才能繼續下一步。」

有一次，韋恩由稅單上發現他的真名是克里斯，而不是亞歷克斯。「他從不說為什麼改了名字，」韋恩說：「由他所說的事，可以了解他和家人似乎有點不對勁，但我不想打探別人的隱私，因此從不問他這些事。」

如果克里斯感到自己和父母手足是疏離的，那麼在韋恩和他的員工那裡，他找到了替代的家人情誼。韋恩的員工大部分都住在他位於迦太基的家裡，離市中心僅幾條街而已，是一棟簡樸的維多利亞式兩層樓建築，前院有一株很大的白楊。生活的安排非常輕鬆而安適，四、五名房客輪流煮飯，大伙兒一起去喝兩杯，一起追女人，不過從沒有成功。

克里斯很快就迷上了迦太基，他喜愛這個社區的沉緩步調、平民式的優點，和不端架子的態度。這是一個反其道而行、為時代潮流所遺忘的地方，但他並不在乎。那個秋天，他和這個小鎮以及韋恩建立了長久的情誼。

韋恩大約三十來歲，當他還是小男孩的時候，隨著父母來到迦太基。他是多才多藝、興趣廣泛的人，身兼農夫、鎔焊工人、商人、機械師、傑出技師、期貨投機者、擁有執照的飛機駕駛員、電腦程式設計師、電子產品維修師、電動遊戲維修師等角色。不過，在他遇到克里斯之前不久，他的才能正為他惹上法律糾紛。

韋恩涉嫌生產銷售「解碼器」，也就是非法解開衛星電視傳送碼，讓人免費接收鎖碼的有線電視節目。聯邦調查局風聞此事後，設了個陷阱將他逮捕到案，他表示後悔並認罪，於是在一九九〇年十月十日，也就是克里斯抵達迦太基兩週後，他到蘇瀑市服刑四個月。韋恩入獄使得克里斯失去了工作，因此他在十月二十三日離開鎮上，提前重回遊民生活。

儘管如此，克里斯依然非常依戀迦太基。在離開之前，他把自己珍藏的一九四二年版托爾斯泰的《戰爭與和平》送給韋恩。在首頁上，他寫著：「亞歷山大贈韋恩·韋斯特柏。一九九〇年十月。聆聽皮耶（Pierre Bezuhov，皮耶是托爾斯泰作品的主人翁，也是他的化身，一個以他人幸福為前提、不斷追尋人生答案的私生子）。」

克里斯在西部流浪時，仍和韋恩保持聯繫，每一、兩個月就打電話或寫信給韋恩，他把自己郵件的地址改成韋恩的地址，而且告訴後來所碰到的每一個人，他的故鄉在南達科他州。

家庭的桎梏

其實，克里斯在維吉尼亞州安納岱爾市的中上家庭中長大。他父親華特（Walt）是知名的太空工程師，一九六〇、七〇年代受雇於太空總署和休斯飛機公司，為太空梭和其他頗受矚目的計畫設計先進雷達系統。一九七八年，華特自創事業，創設一家規模雖小，但業務蒸蒸日上的顧問公司，名叫「使用者系統有限公司」。他的事業夥伴是克里斯的母親，比莉（Billie），他們的大家庭中共有八個孩子：克里斯、克里斯最親的妹妹卡琳（Carine），以及華特上一次婚姻所帶來的六個子女。

一九九〇年五月，克里斯由亞特蘭大艾默瑞大學畢業，他在校時是學生報紙「艾默瑞之輪」的專欄作者兼主編。他主修歷史和人類學，畢業時平均分數為三．七二（總分四）。ＰＢＫ兄弟會曾邀他入會，但他拒絕了，他認為頭銜和榮譽兩者並不相關。

他大學最後兩年的學費由一名家庭友人遺贈的四萬美元支付，至他畢業時，還剩兩萬四千餘美元；他的父母以為他想要用這筆錢繼續念法學院。他父親後來承認：「我們誤解他了。」

華特、比莉和卡琳飛到亞特蘭大參加克里斯畢業典禮時，並不知道（沒有任何人知道）他不久後把所有教育基金都捐給美國樂施會（OXFAM）——一家對抗飢餓的慈善機構。

畢業典禮是五月十二日，星期六。家人坐著聆聽美國勞工部長伊莉莎白・杜爾（Elizabeth Dole）的冗長演講，接著比莉為微笑上台領取文憑的克里斯拍照。

第二天是母親節，克里斯送了糖果、鮮花，和情感洋溢的卡片給比莉。她很驚喜，非常感動——這是兩年多來，她收到兒子送的第一個禮物。兩年前，兒子曾向父母宣布，原則上，他不再收送禮物。不久前華特和比莉才說要為克里斯買新車做為畢業禮物，而如果他的教育基金不夠，他們也願出錢讓他上法學院，結果遭到克里斯一頓責難。

他堅持說，自己已經有了一部好車：他鍾愛的一九八二年分達特桑B210，雖然略有凹痕，里程表上跑了十二萬八千哩，但機械方面尚稱完好。「我不敢相信他們竟想為我買車，」他後來寫信向卡琳抱怨。

或者他們以為如果我要上法學院，會真的讓他們付學費……。我已經告訴他們無數次，我有世界上最棒的車，曾經由邁阿密到阿拉斯加，穿越北美洲跑了數萬哩而沒有一點毛病，我永遠不會賣掉我深愛的車。但他們卻忽視我的話，以為我會接受他們買的新車！我會非常小心，將來不再由他們手中接受任何禮物，因為他們會認為已經買到了我的尊重。

克里斯在高三時買了這部二手的黃色達特桑，從此，他就習慣在放假期間單獨駕車做長途旅行。畢業典禮那個週末，他順口告訴父母他打算在那個夏天到處旅行。他的說法是：「我想我要消失一陣子。」

父母親都沒有太在意他的話，不過華特提醒兒子：「喂，在你走前，來看看我們。」克里斯微笑點頭，華特和比莉都以為他答應在夏天結束前回安納岱爾看他們，於是安心道別而去。

失去音訊

六月底時，還留在亞特蘭大的克里斯把期末成績單寄給父母親：「種族分離主義與南非社會」、「人類學思想史」得A，「當代非洲政治」和「非洲食物危機」得A⁻，成績單上附了簡短的便條：

這是我的期末成績單，還算不錯，我的總成績平均分數也很高。謝謝你們拍的照片、刮鬍用具，和由巴黎寄來的明信片。看來你們玩得很愉快，一定很有意思。

我把洛伊德（Lloyd，克里斯在艾默瑞大學最好的朋友）的照片給了他，他非常感謝，畢業證書頒給他時，他沒有照到相。

沒有別的事了，現在南部開始變得又濕又熱，幫我向大家問好。

這是克里斯家人最後一次聽到他的消息。

在亞特蘭大的最後一年，克里斯住在校外一間像修道院一樣的房間裡，沒有什麼家具，只在地板上有個薄床墊、牛奶箱和一張桌子。房間保持整齊光亮，好像軍營一樣。他沒有電話，因此華特和比莉找不到他。

到了一九九〇年八月，因為克里斯自寄來成績單後就杳無音訊，他的父母決定開車南下亞特蘭大來看他。等他們到達他的公寓，卻發現裡面已經搬空了，窗上貼了一張「招租」啟事。公寓經理說，克里斯六月底就搬走了。華特和比莉回到家後，發現他們夏天寄給兒子的所有信件都紮成一束退回。比莉說：「克里斯通知郵局把郵件留到八月一日，我們不知道究竟發生了什麼事，實在令人擔心。」

那時候，克里斯已經離開很久了。五週前，他就把所有家當裝上他的小車，朝西出發，沒有任何計畫。這個旅程可以稱為「奧德賽」式的旅程，就像一切為之改變的史詩之旅。他覺得自己已經花了之前的四年，完成生命中唯一的荒謬任務：完成大學學業。終於，他不再有負擔，由父母和同輩教人窒息的世界中解放——那個抽象、安全和物質過度的世界，令他覺得自己和生存的原始悸動完全斷絕。

克里斯向西駛離亞特蘭大，決心為自己創造全新的生活，讓自己能夠自由自在地享受未經篩選的原初經驗。為了表示和原來的生活完全斷絕，他甚至取了新名字。他不再回應克里斯・麥克肯多斯這個名字；現在他是「亞歷山大・超級遊民」，是自己命運的主人。

第4章

解放與冒險

沙漠是一個充滿啟示的環境，
就起源和生理而言，是具有異國情調的；
就知覺而言，是簡樸的；
就美學而言，是抽象的；
就歷史而言，是不友善的。
其外型輪廓清晰且引人聯想；
其內涵充滿光線與空間，充滿乾燥、高溫與風互動的新奇感受。
沙漠的穹蒼無所不包，神奇而可怕。
在其他地方，地平線上的天空邊緣斷斷續續而朦朧；
而在這裡，天地相連，無限遼闊，遠勝於綿延的鄉野和森林……
在一望無際的天空中，雲朵有時看起來更爲壯觀，
壯麗地反映出地球凹面內側部分的曲線。
沙漠地形的稜角給與雲朵及大地不朽的結構……

向沙漠而行的有先知和隱士；
穿過沙漠而來的則是朝聖者和流亡者。
在這裡，偉大宗教的領袖尋得隱居所具有的療傷止痛和心靈上的益處；
他們不是要逃離，而是要尋覓現實。

—— **薛帕德，《山水中的人物：大自然美學的歷史觀》**
（Paul Shepard, *Man in the Landscape: A Historic View of the Esthetics of Nature*）

熊掌罌粟（bearpaw poppy），學名 *Arctomecon californica*，是在人跡罕至的木哈未沙漠一隅所生的野花，世上沒有其他地方能找得到它的蹤影。晚春時分，它短暫地綻放出金黃色的花朵，但其他時間則叢生於枯焦的大地上，樸實無華，乏人問津。熊掌罌粟非常罕見，因此被歸為瀕臨絕種的植物。一九九〇年十月，克里斯離開亞特蘭大三個多月後，一位名叫鮑德・威爾許（Bud Walsh）的國家公園巡邏員，奉派到密得湖國家遊樂區人煙稀少處記錄熊掌罌粟的數量，以便聯邦政府能了解這種植物究竟多麼罕見。

熊掌罌粟只生長在富含硫酸鈣的土壤中，這種成分在密得湖南岸含量豐富，因此這裡也是威爾許帶隊進行植物調查的地方。他們在坦波巴路轉彎，在沒有路的地面上再開了兩哩，到達戴崔特河床，把車子停在湖岸邊，然後開始攀上乾河床東岸一塊充滿白色易碎硫酸鈣土的斜坡。幾分鐘之後，他們接近河岸頂端時，一名巡邏隊員往河床看，正想喘口氣時，他叫了起來：「喂！看那下面。那是什麼鬼東西？」

在乾河床邊，一叢離他們停車不太遠的濱藜（saltbush）裡，有個龐然大物藏在黃褐色的防水布下。隊員們揭開雨布，發現一輛沒有牌照的黃色達特桑舊車，擋風玻璃上貼了一張紙條，上面寫著：「這輛爛車已遭遺棄，誰能把它弄出來，就能夠擁有它。」

車門沒有上鎖，車底滿是泥濘，顯然是突發的暴風雨造成的。威爾許朝裡頭看去，發現一把吉亞尼尼（Gianini）吉他、一個裝有四．九三美元零錢的鍋子、足球、裝滿舊衣服的垃圾袋、釣具、新的電鬍刀、口琴、一套充電電線、二十五磅白米，而在前面雜物箱內，則是汽車引擎的鑰匙。

據威爾許說，巡邏隊員搜索了四面環境，「看看有沒有可疑的事物」，然後才離開。五天之後，另一名巡邏隊員回到廢棄車輛那裡，結果不費吹灰之力就發動了車子，把它開到坦波巴國家公園服務處維修場。威爾許回憶道：「他以六十哩的時速把車開回來，說這車跑得像冠軍車一樣。」巡邏隊員想要知道車主是誰，用電報發了通告給相關的執法部門，並且詳細搜尋美國西南部的電腦紀錄，以查核這輛車有沒有任何犯罪紀錄，卻沒有找到蛛絲馬跡。

後來，巡邏隊員依車子的序號找到原車主赫茲公司（Hertz Corporation）；赫茲公司說，這輛車原作租車之用，多年前就以二手車出售，該公司無意領回此車。

威爾許記得他那時想道：「哇！太棒了！這真是天賜的禮物──用這樣的車子搜查禁藥是很好的掩護。」的確如此，接下來三年，公園管理處用這輛車子做掩護，佯裝購買禁藥，在這犯罪猖獗的國家遊樂區內破獲了無數販毒案件，包括逮到在牛頭市外拖車公園作業的脫氧麻黃鹼（methamphetamine，禁藥，安非他命衍生物）大盤經紀商。

「直到現在，這輛老車還是很能跑，」威爾許在找到這輛車兩年後，依然很驕傲地說：「只要加點油，它就可以跑一整天，非常可靠，我真懷疑為什麼沒有人來領回這部車。」

孑然一身

沒錯，這輛車正屬於克里斯。他將車子駛離亞特蘭大之後，輕率地以一股愛默生（Ralph Waldo Emerson，美國思想家、作家，強調人的價值，提倡自由與改革）式的高昂興致，在七月六日抵達密得湖國家遊樂區。克里斯不顧路上嚴禁駛離路面的警告，駛下路面，越過寬廣多沙的乾河床。他在河床上駛了兩哩，來到湖的南岸。當時溫度高達華氏一百二十度（約攝氏四十八度），空曠的沙漠向遠處延伸，在熱氣中微微發光。克里斯在赤楊的小樹蔭下搭帳棚，盡情享受他新找到的自由，四周是仙人掌、鼠尾草和疾走時滑稽可笑的環頸蜥。

戴崔特河床由密得湖向南延伸約五十哩，到金曼北邊的山區，乾涸成大片的曠野。一年到頭，河床總是如白堊一樣乾涸，到了夏日，如同沸騰的茶壺中的泡泡一樣，過熱的空氣由枯焦的地面上升，以強烈的對流氣流衝向天空。上升氣流經常產生非常有活力、宛如砧狀的積雨雲，上升至木哈未沙漠上方三萬呎以上。克里斯在密得湖畔紮營兩天後，午後的天空出現了罕見的厚重積雲層，隨後開始下雨，雨勢凶猛地落在戴崔特河流域。

克里斯在比主河道高幾呎的河床邊紮營，當褐色的水由高地衝下來時，他及時收起營帳和所有家當，以免被水沖走。不過他卻沒辦法移車，因為唯一的出路現在已成了滿溢河水、冒著泡沫的水道。急遽沖下的洪水雖沒有足夠的力量沖走車子，也沒有造成什麼太大損害，但引擎卻濕了，使克里斯無法成功發動，於是他不耐地為電池排水。

電池沒了電，無法發動車子。如果克里斯想把車子移回道路上，勢必得步行到有關單位，並說明他目前的處境。不過如果他去找公園管理員，他們一定會提出一些令人厭煩的問題：首先，為什麼他不顧路上的警告標誌，擅闖河床？他知不知道車子的牌照兩年前就已經到期，還沒有更新？他知不知道自己的駕照也已經逾期，而且車子也沒有保險？

如果老實回答這些問題，恐怕管理員不會滿意。克里斯也許可以試圖以更高的層次來回答這些問題，諸如他最近成為梭羅的忠實信徒，視梭羅的散文〈論公民不服從的責任〉（On the Duty of Civil Disobedience）為《聖經》，因此以藐視州法為己任。然而，聯邦政府代表恐怕不會認同他的觀點。他得應付許多官樣文章，支付許多罰款，當然也會通知他的父母親。有個辦法可以避免這些惱人的事：拋棄車子，徒步繼續流浪；他正打算這麼做。

克里斯非但沒有因這番波折而沮喪，反而感到愉快：他認為這場大水正好讓他拋棄不必要的行李。他把車盡量以褐色的防水布遮蔽好，扯下維吉尼亞州的車牌藏起來；又把獵鹿來福槍和其他未來可能還用得著的財物埋起來。然後，他又做出可能讓梭羅和托爾斯泰都感到欣慰的事：把所有紙鈔在沙上排成一堆——可憐只有一美元、五美元和二十美元的一小堆，然後擦了一根火柴，一百二十三美元法定貨幣立刻化為灰燼。

我們能知道這一切，是因為克里斯把焚毀紙幣及後來發生的大部分事件，都記錄在一本快照記事相簿裡；他在前往阿拉斯加之前，把這本相簿交給韋恩保管。雖然這本日記——以誇張、自覺的第三人稱寫作，充滿通俗劇的味道，但就現有的證據來看，克里斯並未揑造事實；說實話是他堅守的信條。

克里斯把剩下的少數家當收進背包，於七月十日出發，徒步到密得湖附近旅行。他在日記中承認，這是樁「大錯誤……在七月中，氣溫簡直教人發狂」。他中了暑，好不容易攔下過往的船隻，順路載他到湖西岸的碼頭卡爾維爾灣，然後在那裡伸出拇指，搭上便車。

接下來的兩個月，克里斯在美西流浪，為大地的廣袤和力量深深迷惑，為依大自然法則而生長的低矮樹叢震懾，享受與其他漂泊者萍水相逢的濡沫之情。他任自

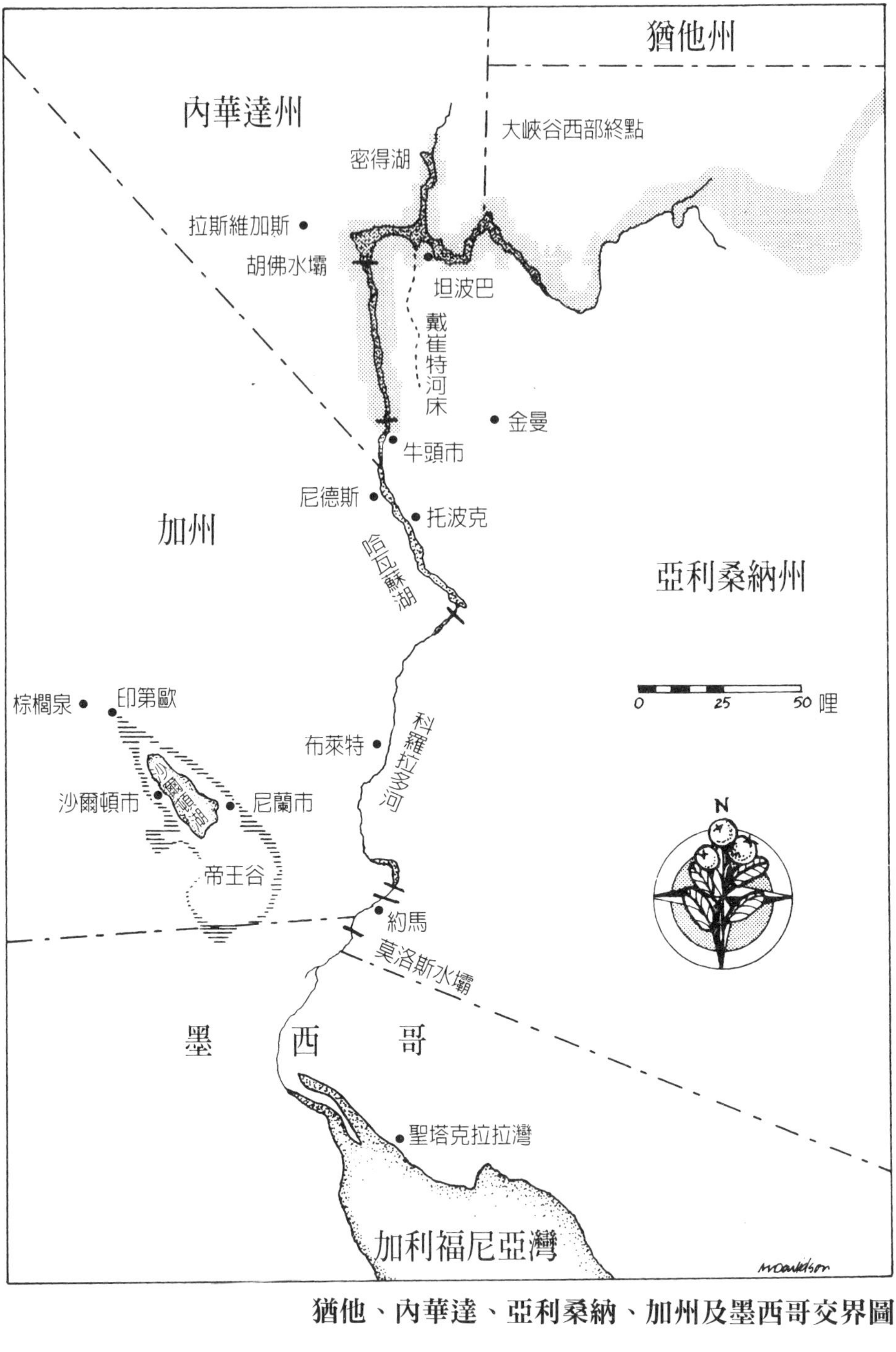

猶他、內華達、亞利桑納、加州及墨西哥交界圖

己的生活由機會所主導，搭便車前往泰浩湖，徒步到內華達山，花了幾週時間向北走到太平洋屋脊步道，最後才離開山區，回到馬路上。

七月底，他搭上一個自稱「瘋狂阿尼」的人的便車，阿尼雇他到北加州一個農場工作，從照片上看，那是間沒上油漆、搖搖欲墜的房屋，四周是山羊、雞、床墊彈簧、破電視機、購物推車、老舊家電和成堆的垃圾。克里斯和其他六名漂泊者在那裡工作了十一天後，發現阿尼根本不打算給他薪水，所以他從凌亂的院子裡偷了一輛十段變速的紅色腳踏車，騎到契可鎮，把腳踏車藏到購物中心的停車場，繼續飄蕩的生活，搭便車向北和西行，穿過紅崖城、威菲維爾，和柳溪。

在加州阿卡塔太平洋岸一望無垠的紅木森林，克里斯由一〇一號公路上右轉，朝海岸而去。位於奧勒岡州南方六十哩處，靠近奧瑞克市的地方，一對駕著老舊休旅車的流浪男女在路旁停車查閱地圖時，看到一名男孩蹲在路旁林間。「他穿著長運動褲，戴著一頂挺蠢的帽子，」珍・布瑞絲（Jan Burres）說。她是一位四十一歲的有車遊民，和男友鮑勃在美西四處漂泊，以到跳蚤市場販賣小東西維生。「他帶著一本談植物的書，正根據書中所載採集野果，然後裝在頂端切掉的一加侖量牛奶罐裡。他看起來很可憐，因此我喊道：『喂，你要搭便車嗎？』我想也許我們可以給他一頓吃的。

「我們談了一下，他是個好孩子，自稱亞歷克斯。他經常挨餓，很餓、很餓，但很滿足。他說自己靠著書中所載的可食植物生存，聽起來非常自豪；他說他四處漂泊，到處探險；還告訴我們他怎麼棄車，怎麼焚毀紙鈔。我說：『你為什麼這麼做？』他宣稱自己不需要錢。我也有個兒子，與亞歷克斯年紀差不多，因此我對鮑勃說：『老伴，我們一定要讓這孩子跟著我們，你得教他一些東西。』亞歷克斯跟著我們到奧瑞克灘，和我們一起紮營，停留了一週，他真的是個好孩子，我們對他印象很好。他離開時，我們本來也不指望會再聽到他的消息，但他卻和我們保持聯繫。他離開後的那兩年，每一、兩個月就寄一張明信片給我們。」

克里斯由奧瑞克灘繼續沿太平洋岸北上，經過皮斯妥河、庫斯灣、海豹石、曼桑尼塔、艾斯托利亞、賀奎姆、亨普托利普斯、奎茲、福克斯、安吉利斯港、湯森港、西雅圖。「他孑然一身，」一如喬伊斯（James Joyce）所寫的年輕藝術家迪達勒斯（Stephen Dedalus）一樣：「沒有人注意他，他快樂而內心狂野。他孤單、年輕、任性又狂放，獨自置身荒原，周遭是暴風雨的天空、含有鹽分的水域、豐富的貝殼和海藻，以及朦朧灰暗的陽光。」

八月十日，就在遇見珍和鮑勃之前不久，克里斯因為在尤里卡東部淘金之鄉——柳溪搭便車，被罰了一張罰單子。當警察問他的永久住址時，克里斯一時疏忽，把父母在安納岱爾的地址告訴了他。這張未付款的罰單八月底出現在華特和比莉的信箱裡。

華特和比莉非常擔心克里斯的失蹤，之前他們已經告知安納岱爾警方，但警方幫不上忙。罰單由加州寄來時，令他們驚慌失措；他們有一位鄰居是美國國防情報局的主管，於是華特向這名陸軍上將求助。上將讓他和一名叫做彼得．卡利特卡（Peter Kalitka）的私家偵探接觸，卡利特卡曾和國防情報局和中央情報局合作。上將告訴華特，他是最優秀的人選；如果克里斯在那裡，卡利特卡必會找到他。

卡利特卡以柳溪的罰單為起點，開始非常徹底的搜尋，追蹤線索遠及歐洲和南非。然而他的努力卻毫無效果——一直到十二月，他才由稅務紀錄得知，克里斯把自己的大學基金捐給了慈善機構樂施會。

「這真嚇壞了我們，」華特說：「在這之前，我們對克里斯究竟做了什麼，一點頭緒也沒有。搭便車的罰單令人不解；他這麼愛那輛車，竟然會拋棄它徒步旅行，真教我想不通。後來回想起來，我實在不該驚訝，克里斯就是那種人，認為除了逃命時該背在身上的東西之外，什麼都不該擁有。」

卡利特卡在加州努力尋找克里斯的蹤跡時，克里斯早已離去，搭便車朝東越過喀斯開山脈，越過長滿山艾樹的高地和哥倫比亞河盆地的熔岩河床，越過愛達荷州，進入蒙大拿州。就在那裡，在切岸外，克里斯邂逅了韋恩，在迦太基為他工作到九月底。當韋恩入獄服刑工作終止時，冬日也快要來臨，克里斯朝暖和的地方前進。

獨木舟歷險

十月二十八日，他搭上長途卡車的便車，抵達加州尼德斯。克里斯在日記中寫道：「我太高興到達科羅拉多河了。」於是他離開公路，沿著河岸穿過沙漠向南走。走了十二哩之後，他到達亞利桑納州托波克，這是四十號州際公路旁灰塵遍布的小站，公路在此與加州邊境交界。進城後，他注意到有二手的鋁製獨木舟待售，一時衝動決定買下，然後順科羅拉多河而下，向南航行近四百哩，越過墨西哥邊界，到加利福尼亞灣。

由胡佛水壩到加利福尼亞灣的科羅拉多河下游，和在托波克上游兩百五十哩處，大峽谷附近暴發的激流完全不同。科羅拉多河下游因為水壩和分岔的運河而水勢驟減，懶洋洋地由一個水庫潺潺流向另一個水庫，穿過北美大陸最炎熱、最堅硬的地域。克里斯深為這塊土地的樸實和河水之美所感動，沙漠枯乾的地質和清澄的光線，使得他甜美的渴望益形強烈。

克里斯由托波克向南划到哈瓦蘇湖，頭上是白茫茫的穹蒼，巨大而空虛。他暫時彎到科羅拉多河的支流比爾威廉斯河，然後下行穿過科羅拉多河印第安保留區、西波拉國家野生動物保護區、帝王國家野生動物保護區。他經過仙人掌和土壤含鹼之地，在光禿禿的前寒武紀石壁下露營。遠方尖而高的巧克力色山脈，在陰森的海市蜃樓中飄浮著。他在陸上停留一天，追尋野馬的蹤跡，卻看到一塊警告牌，上面寫著他已侵入陸軍嚴禁進入的約馬實驗場，不過克里斯根本不為所動。

十一月底，他划船經過約馬，在那裡暫停一段時間補給，並寄明信片給在蘇瀑市服刑的韋恩，卡片寫著：

嗨，韋恩！近況如何？希望自上次談話後，你的情況已有改善。我已經在亞利桑納附近遊蕩近一個月了，這是個很美的州，有各種各樣的美景，氣候棒極了！但我寫明信片給你，除了問候之外，主要是要再次謝謝你的款待。很難找到像你這樣既慷慨又好心腸的人。有時候我卻希望自己沒有遇到你，有了這些錢，流浪太容易了。在我身無分文，得為下一頓覓食的時候，日子比較刺激。不過現在我如果沒有錢也很難度日，因為這個時候在這裡很少有會結果子的作物。

請謝謝凱文送我衣服，否則我一定會凍死。我希望他已經把書拿給你。韋恩，你真該讀讀《戰爭與和平》，當我說在我所認識的人之中，你擁有最高尚的品格時，我是當真的。那本書很有力量，也很具象徵意味，其中有些事，是大多數人不會注意到的，但我想你會了解。至於我自己，我想繼續過一陣子這樣的生活，這種自由和純樸的美實在教人無法捨棄。韋恩，總有一天，我要回到你身邊。回報你的仁慈親切。你永遠是我的朋友。上帝祝福你。亞歷山大。

十二月二日，他抵達莫洛斯水壩和墨西哥邊境，擔心自己沒有任何身分證明，可能會被拒絕入境，因此他划過水壩的閘門，順溢洪道而下，偷偷進入墨西哥。「亞歷克斯迅速地張望有沒有碰到麻煩的跡象，但他進入墨西哥要不是沒人注意，要不就是被人忽略。亞歷山大快活無比！」他的日記這麼記載。

然而他快活的時間卻不長。在莫洛斯水壩下，河水變成錯綜複雜的灌溉運河、沼澤、沒有出路的水道，克里斯在其中一再地迷路。

運河突然分成了許多方向，亞歷克斯嚇呆了。他碰到幾位會說一點英文的運河官員。他們告訴他，他並非朝南，而是朝西走，正朝向巴雅半島而去。亞歷克斯愣住了，他提出反駁，堅持必定有水道可通往加利福尼亞灣。他們瞪著亞歷克斯，認為他瘋了。不過接著他們之間開始一陣熱烈的對話，配合著地圖和鉛筆揮舞。十分鐘之後，他們拿了路線圖給亞歷山大，顯然這條路線可以帶領他往海洋去。他大喜過望，心中重新燃起了希望。

他跟著地圖退回運河上，直到碰到獨立運河，然後朝東走。根據地圖，這個運河應該將華勒泰可運河一分為二，而華勒泰可運河向南一路流向大海。但他的希望不久就破滅了，因為運河在沙漠中央走到盡頭。後來的勘察發現，亞歷克斯只是回到目前已經乾枯不通的科羅拉多河床。他在河床的另一端約半哩處，發現另一條運河，決定往這條運河去。

克里斯花了約三天時間，才把獨木舟和他的家當搬到新的運河。十二月五日的日記這麼記載：

終於，亞歷克斯找到了應該是華勒泰可運河的水道，朝南而去。但是運河愈來愈小，令他擔憂害怕……當地居民協助他將獨木舟及財物搬過一道障礙……亞歷克斯發現墨西哥人熱情、友善，遠比美國人殷勤……

十二月六日運河四處都是小而危險的瀑布。

十二月九日所有的希望都破滅了！運河並沒有通往海洋，只是漸漸消失在巨大的沼澤裡。亞歷克斯非常迷惑，他認為他一定很接近海洋，決定再試試看，設法由沼澤入海。亞歷克斯覺得愈來愈困惑，不知道自己該在什麼地方把獨木舟推過蘆葦，在什麼地方把它拖過泥地？一切都絕望了。日落時他在沼澤裡找到一塊乾地紮營，第二天，十二月十日，亞歷克斯繼續追尋通往大海的出口，但卻更困惑，不斷地打轉。他意氣消沉、沮喪不已，夜幕降臨時倒在獨木舟上哭泣。然而，意外的機會卻由天而降，他遇到了墨西哥獵鴨人的嚮導，他們正好會說英語。他把自己的經歷和尋找海洋的經過告訴他們，他們說，沒有辦法通到海洋，但其中一人願意把亞歷克斯拖回露營基地，以小小的馬達小艇把他和獨木舟（架在卡車上）送到海上。這真是奇蹟。

獵鴨人把他放在加利福尼亞灣的漁村聖塔克拉拉，克里斯由那裡向南沿著灣區東緣前往海洋。到達目的地後，克里斯放慢了腳步，情緒變得更嚴肅沉穩。他拍了許多照片：大毒蜘蛛、哀傷的日落、滿布風痕的沙丘、空無一物的海岸長曲線。他的日記變得簡短草率，接下來那個月，他寫不到一百字。

活著真好

十二月十四日，他厭倦划槳生涯，把獨木舟遠遠地拖到海灘上，爬上沙石峭壁，在荒無人煙的高地上紮營。他在那裡待了十天，直到強風迫使他在陡峭壁面的洞穴中暫避。他在洞裡又待了十天，見到滿月升上大沙漠——一千七百平方哩的流沙，北美最大範圍的純沙沙漠，就這麼度過了新年。翌日，他重新划槳，順著光禿的海岸而下。

他一九九一年一月十一日的日記是這麼開始的：「不幸的一天」。他朝南划了一段距離後，把船靠到離岸很遠的沙洲上，觀賞澎湃的潮汐。一小時後，強風開始由沙漠向下吹，風和潮水造成的激流將他推落海中。此時海水已成為一團混沌的白浪花，即將打翻他的小舟。風力增強到狂風，浪花變成高大破碎的浪頭。日記寫道：

由於極感挫折，他大聲叫喊，用槳敲打獨木舟，槳斷了。亞歷克斯還有一支備用槳，他讓自己鎮定下來，如果第二支槳也壞了，就沒救了。他一面拚命努力，一面不停詛咒，終於設法把獨木舟靠上防波堤，在日落時筋疲力竭地倒在沙灘上。這件意外使亞歷山大決定放棄獨木舟，回到北方。

一月十六日，克里斯把粗短的金屬舟留在聖塔克拉拉東南的草丘上，開始沿著荒涼的海灘向北走。他整整三十六天沒有碰到任何人，這期間他賴以維生的僅有五磅米和由海中撈到的生物，由於這個經驗，他相信自己在食物一樣匱乏的阿拉斯加灌木林間，依然能夠生存。

一月十八日他回到美國邊界，想偷溜進邊界時，卻因沒有身分證明而遭到移民官員逮捕，被扣留了一晚。後來他編了個故事，移民官扣留了他的點三八口徑手槍之後，釋放了他：「那是支美麗的科爾特蟒蛇手槍（Colt Python），他依依不捨。」

接下來的六週，克里斯都在西南地區活動，東至休士頓，西到太平洋岸。他露宿街頭和高速公路的天橋，為了避免被惡名昭彰的歹徒洗劫，他學會了在入城前先把所有的錢埋在某處，出城時再把它挖出來。據日記記載，克里斯二月三日前往洛杉磯，「以取得身分證明，並且找個工作，但現在，他在社會中覺得很不自在，必須立刻再去漂泊。」

六天後，他在大峽谷底和一對載他一程的德國夫婦湯瑪斯與凱琳一起紮營。他在日記中寫下：「這和一九九〇年出發的亞歷克斯是同一個人嗎？營養不良和漂泊流浪已經讓他的身體付出代價；他瘦了二十五磅，但他的精神卻翱翔天際。」

二月二十四日，在棄車七個半月之後，他回到了戴崔特河床。公園處早已沒收他的車，但他還是把舊的維吉尼亞牌照 SJF - 421，以及埋在那裡的一些私人物件挖掘出來。接著他又搭便車到拉斯維加斯，在一家義大利餐廳找到工作。「亞歷山大二月二十七日把背包埋入沙漠，身無分文、亦無證件地進入拉斯維加斯。」日記上這麼告訴我們：

他和遊民、流浪漢、酒鬼一起在街上住了數週，然而拉斯維加斯並非漂泊的終點。五月十日，他又腳癢起來，離開了拉斯維加斯的工作，重新取回他的背包，再度上路，不過他發現，如果你笨得把照相機埋在地下，就不可能再用它拍照。因此，這個故事在一九九一年五月十日至一九九二年一月七日之間，沒有照片紀錄。不過這不重要，重要的是這些經歷、回憶以及活著的極度歡欣喜悅，才有真正的意義。上帝，活著真是美好！感謝祢，感謝祢。

第5章

嶄新的生活

主宰巴克的原始野獸力量強大，
在艱困的拓荒生活中，它不斷地增長。
但這是祕密增長，
而新生的聰敏使他泰然自若，應付裕如。

—— **傑克．倫敦，《野性的呼喚》**

全部的人都向主宰的原始野獸歡呼！
也向亞哈船長（梅爾維爾《白鯨記》的主人翁）歡呼！
亞歷山大．超級遊民
一九九二年五月

—— **史坦必德小徑廢棄巴士上發現的刻字**

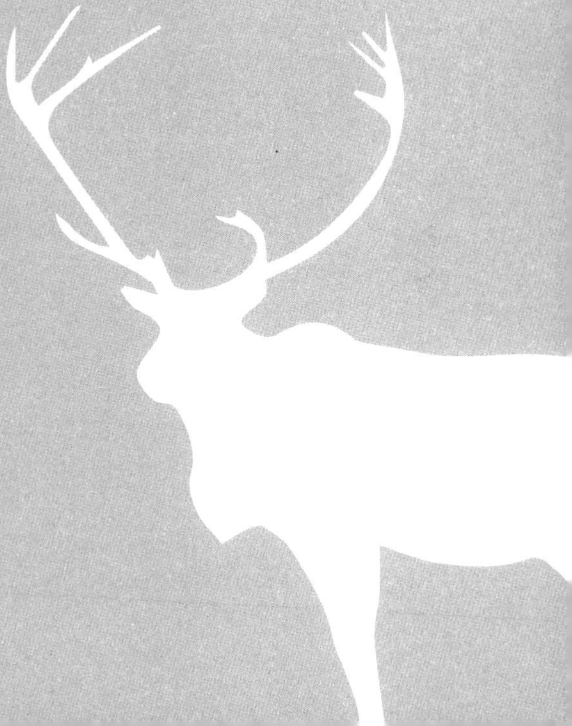

克里斯的相機壞了，無法照相，於是他不再寫日記，直到第二年他去阿拉斯加為止。因此，一九九一年五月他離開拉斯維加斯之後到了哪些地方，大多不為人知。

由克里斯寄給珍的信，我們知道他七、八月在奧勒岡州沿岸，可能在艾斯托利亞附近，他抱怨當地的「霧和雨教人難以忍受」。九月間，他搭便車沿著一〇一號公路進入加州，接著又朝東再次進入沙漠。十月初，他抵達亞利桑納州牛頭市。

牛頭市是個不像城市的城市。這個城沒有明顯的市中心，彷彿由許多小社區和長長的林蔭道路隨意組合而成，綠蔭道路沿著科羅拉多河蜿蜒八、九哩，河的對岸則是內華達州拉夫林市高聳的旅館和賭場。牛頭市較易辨識的特徵是莫哈維谷公路，這是條四線道的柏油路，沿線有加油站、速食連鎖店、按摩治療師、錄影帶店、修車廠和供旅客投宿的旅館。

表面上，身為梭羅和托爾斯泰的信徒，對蔚為美國主流的中產階級生活輕蔑不已的克里斯，應不會喜歡牛頭市；但他卻愛上了這個城市，也許是因為他受出現在這個城市中的拖車營地、露營場地和自動洗衣店的無產階級吸引；也或許是因為他愛上圍繞這個城市的純沙漠景象。

暫停漂泊

無論如何，克里斯抵達牛頭市後，逗留了兩個多月——也許是自離開亞特蘭大到前往阿拉斯加、搬進史坦必德小徑廢棄巴士之前，他在同一地點停留最長的一段時間了。在十月間寄給韋恩的卡片上，他提到牛頭市：「這是個過冬的好地方，我可能終於要放棄流浪的生活，安定下來，永遠地。我會看看春天來臨時情況如何，因為那是我最容易腳癢的時候。」

寫下這些話的時候，他已經找到一份全職工作，在大街上的麥當勞煎漢堡，騎腳踏車上下班。從表面來看，他過著相當符合常軌的生活，甚至還到當地銀行開了個存款戶頭。

奇怪的是，克里斯去麥當勞求職的時候，是以克里斯．麥克肯多斯，而非亞歷山大的身分前往應徵，同時，他也把自己真正的社會安全保險號碼告訴雇主，這相當不尋常，因為可能會洩漏他一直掩藏的身分，讓他的父母知道他的行蹤——雖然後來證明這次的疏忽並無任何影響，因為華特和比莉雇的私家偵探一直沒有找到這個破綻。

克里斯離開他揮汗煎漢堡的牛頭市兩年之後，麥當勞的同事對他已經沒有多少印象了。「我唯一記得的是有關襪子的事，」愛說話的胖副理喬治・戴雷桑（George Dreeszen）說：「他總是穿鞋不穿襪，他說他受不了穿襪子。但麥當勞規定所有員工必須穿著適當的鞋襪。他願意遵守規定，但一下班，啪！他做的第一件事就是把襪子脫下來，絕對是第一件事。我猜這就像是一種宣言，讓我們知道我們不能掌握他。但他是個好孩子，也是個好員工，真的值得信賴。」

第二位副理羅莉・莎莎（Lori Zarza）則對克里斯有不同的印象：「坦白說，我很驚訝我們竟會雇用他。他負責在後場煎煮食物；他會做這份工作，但速度總是非常慢，甚至在最忙碌的午餐時間，不論你怎麼催他都沒有用。顧客在櫃檯前排成長龍，他卻不明白為什麼我老找他麻煩。他就是沒辦法溝通，好像只活在他自己的宇宙裡。

不過，他可以信賴。他每天都上班，因此沒人敢炒他魷魚。我們每小時只付四・二五美元，而河對面賭場給人的起薪是六・二五美元，所以我們很難留得住人。

我覺得他下班後不會和其他員工做點消遣或做什麼。他談話時，主題總是繞著樹木、大自然等這些奇怪的東西。我們都覺得他腦子裡少了幾根筋。」

「克里斯最後辭職時，」莎莎承認：「可能是因為我。他原本是流浪漢，來工作時全身臭兮兮的，像他那樣的味道根本不符合麥當勞的標準，因此最後他們派我去告訴他要多洗澡。自從我說了他之後，我們之間就有些嫌隙。其他員工好意問他需不需要肥皂什麼的，你也看得出他大為生氣，只是他從未直接表現出來。三週後，他絕塵而去，辭職不幹了。」

克里斯原本想要掩飾他是個隨身只有背包的流浪漢，他告訴同事，他就住在河對岸的拉夫林。每次下班他們要順路送他回家，他都找藉口婉謝了。其實克里斯在牛頭市的頭幾週，是在城市邊緣的沙漠露營；後來則占用了一個無人的拖車房屋。在寫給珍的信上，他解釋了為何這樣安排：

有一天我在公廁刮鬍子，一名老人走過來看著我，問我是不是「露宿」。我說是，然後他告訴我他有這部舊拖車，我可以免費使用。唯一的問題是，他並不是擁有者，主人不在，只讓他住在他們土地上的另一輛小拖車裡。因此我得保持低姿態，不要被人看見，因為他不應該再找別人來住。這真是個好協議，因為拖車內部還不錯，是個拖車房屋，附有家具，有些電插頭還有功能，空間寬敞。唯一的缺點是這個老傢伙，他叫查理，有點瘋癲，有時候實在很難和他相處。

查理住在同一地址，一個小小的淚滴形露營拖車，外表的錫層布滿鏽斑，沒有水電，塞在克里斯住的那輛大得多的藍白活動房屋拖車之後。西方剝蝕的山脈歷歷可見，凜然高聳在排排相接的屋頂後。淡藍色的福特 Torino 車停在這亂糟糟的庭院路旁，野草由它的引擎區冒出頭來，人尿的阿摩尼亞臭味在附近的夾竹桃籬笆中瀰漫。

「克里斯？克里斯？」查理嚷道，掃描著記憶庫：「哦，對了，他，是的，是的，我記得他。」查理穿著長袖運動衫和卡其工作褲，他是個脆弱、緊張的人，有雙黏濕的眼，下巴上則長出了白色的鬍碴。根據他的記憶，克里斯在拖車裡待了約一個月。

「好人，是的，一個很好的人，」查理說：「不過他不喜歡身旁有太多人，神經質。他是好人，要說有什麼不好的話，就是我覺得他有點複雜……你懂我的意思嗎？他喜歡讀那個阿拉斯加人——傑克．倫敦的書。不多話。他很情緒化，不喜歡受打擾，就像在尋找著什麼的孩子，不停尋覓著，只是不知道究竟在找什麼。我也曾經像那個樣子，不過後來我知道自己在尋找什麼：錢！哈！老天！」

「但就像我剛才說的，阿拉斯加——沒錯，他曾提到要去阿拉斯加。也許要去找他一直在尋覓的事物。是個好人，沒錯，只是有時候有點複雜……。他要離開時，大約是聖誕節時，我想，他給我五十美元和一包香菸，因為我讓他待在這兒。他實在是很好。」

世外桃源

十一月底，克里斯寄了一張明信片給珍，由加州帝王谷旁的小城尼蘭市的郵局信箱轉交。「我們在尼蘭市收到的明信片，是許久以來他寄來的第一封有回信地址的信，」珍回憶道：「因此我立刻回了信，並說我們想在下週六到牛頭市去看他，那裡離我們所住的地方並不遠。」

克里斯收到珍的回音，非常感動：「我很高興知道你們倆都安好，」他在一九九一年十二月九日的信上寫道：

多謝你寄聖誕卡給我，在一年的這個時刻有人想到我，真好……聽到你們要來看我，讓我很興奮。隨時歡迎你們來。近一年半沒有見面，能夠再看到你們，真教人高興。

他在信末畫了地圖，並寫下詳細的指引，好讓他們能找到牛頭市基線路的拖車。

不過，在珍和男友鮑勃接到信四天後，正在做啟程的種種準備時，晚上回到營地卻發現：「一個大背包靠在我們的旅行車上，我認出那就是亞歷克斯的包包。我們的小狗蘇妮早在我看到他之前，就已經嗅到他了。牠很喜歡亞歷克斯，但我很驚訝牠居然還記得他。蘇妮發現他後，簡直樂瘋了。」克里斯向珍解釋，他厭倦了牛頭市，厭倦打卡，厭倦和他一起工作的「塑膠人」，所以決定離開這個城市。

當時珍和鮑勃正待在距尼蘭市三哩的地方，當地人稱該處為「地基板」（Slabs）。這是個老舊的海軍基地，被遺棄拆除後，只剩下四處一格格空曠的混凝土地基板，散布在沙漠中。十一月到了，全國各地的氣候變冷了，大約五千名隨氣候遷徙的臨時工人、流浪漢，和各種各樣的無賴，都齊集在這個世外桃源，好藉著太陽的溫暖，勉強度日。「地基板」就好像是這個擁擠的流動社會的季節性首都，此地有種彈性疲乏、忍耐度日的生活調子，這兒的人就像退了休、離鄉背井、身無分文，或永遠找不著工作似的，無分男女老少，多的是逃避討債公司、惡劣人際關係、法律、國稅局和被中產階級生活榨乾的人。

克里斯抵達「地基板」時，一個以物易物的大型跳蚤市場正在這個沙漠地區熱烈展開。珍也是賣主之一，設了幾張摺疊桌子展售廉價的二手貨，克里斯自告奮勇照顧她大量的二手平裝書。

珍說：「他幫了我很大的忙，在我分身乏術時，他幫我看著攤位，把所有的書分類，且賣了不少。他似乎非常興奮。亞歷克斯對古典名著很在行：狄更斯、H・

G・威爾斯、馬克・吐溫、傑克・倫敦。傑克・倫敦是他的最愛。他試著說服每一個走過的人，要他們讀讀《野性的呼喚》。」

克里斯自幼就對傑克・倫敦著迷，這位作家對資本主義社會的強烈批判、對原始世界的謳歌、對低階層民眾的支持——全都反映出克里斯的愛好。他深深著迷於傑克・倫敦對於阿拉斯加和育空地區生活的誇張描述，反覆閱讀《野性的呼喚》、《白牙》等小說，以及〈生火〉（To Build a Fire）、〈北地漫遊記〉（An Odyssey of the North）、〈波波特克的智慧〉（The Wit of Porportuk）等短篇故事。他深受這些故事吸引，然而他似乎忘記這些故事是虛構、想像的作品，和傑克・倫敦浪漫的感性有關係，卻和北極圈附近曠野的真實人生有別。克里斯忽略了傑克・倫敦只在北方待過一個冬天，而且四十歲那年在加州華宅自殺的事實，他其實是個自滿的酒鬼，肥胖而悲哀，四體不勤，和他在書中所擁護的理想有天壤之別。

在尼蘭市「地基板」的居民中，有一名十七歲的女孩，名叫崔西，她在克里斯逗留的一週期間愛上了他。「她是個可愛的小女孩，」珍說：「一對流浪夫妻的女兒，他們和我們之間僅隔四輛車。可憐的崔西，她對亞歷克斯的迷戀完全沒有希望。他在尼蘭市的時候，她總是跟在他身旁，含情脈脈地望著他，吵著要我讓他帶她散步。亞歷克斯對她不錯，但是對他而言，她太年輕了，他不可能對她認真。他至少讓她心碎了一整個星期。」

克里斯婉拒崔西的追求，對此，珍解釋他並非隱士：「他和大家在一起時很愉快，真的非常愉快。在跳蚤市場裡，他會和經過的人談個不停。他在尼蘭市至少邂逅了七、八十人，而他對每個人都非常友善。偶爾他需要孤獨，但他並不是隱士，反而是很樂於與人相處的。有時我覺得他就像在貯存伴侶、以備不時之需似的。」

克里斯對珍特別殷勤，一有機會就對她賣弄風情、開玩笑。她回憶道：「他喜歡取笑我、逗我，有時候我到拖車後面的曬衣繩晾衣服，他會把衣夾子夾得我滿身。他很調皮，就像個小孩子一樣。我養了一窩小狗，他總是把牠們放在洗衣籃下，看牠們跳躍號叫。他一直這樣做，直到我生氣，對著他吼叫才停止。但其實他對這些狗很好，牠們跟著他，在他身後吠叫，想要跟他一起睡。亞歷克斯對動物有他的一套。」

一天下午，克里斯在尼蘭市跳蚤市場中照顧二手書攤位時，有人留了一台手提電風琴給珍寄售。她說：「亞歷克斯把它接收下來，整天彈奏，讓大家欣賞。他的聲音很棒，吸引了許多人，在這之前，我根本不知道他懂音樂。」

克里斯經常和「地基板」的居民談他去阿拉斯加的計畫。他每天早上都做柔軟體操，準備應付樹林中的酷寒，也和自稱求生專家的鮑勃討論曠野中的求生技巧。

「我嘛，」珍說：「亞歷克斯告訴我他所謂的『偉大的阿拉斯加冒險』時，我認為他瘋了。但他真的很興奮，一直談著這次旅行。」

雖然珍一直想要克里斯談談他的家人，但他卻絕口不提。珍說：「我曾問他：『你家人知道你要做什麼嗎？你媽媽知道你要去阿拉斯加嗎？你爸爸知道嗎？』但他卻從不回答，只是生氣地瞪著我看，叫我不要管他。然後鮑勃就會說：『不要管他，他是個大人了！』不過我還是會堅持，直到他換個話題——我兒子和我之間曾發生某些事；他也在某個地方，我希望有人照顧他，就像我照顧亞歷克斯一樣。」

克里斯離開尼蘭市的前一個星期日，他正在珍的拖車裡看足球賽決賽轉播，她注意到他特別熱烈地為華盛頓紅人隊加油，「因此我問他家是否在華府，」她道：「他回答說：『沒錯，我是來自華府。』那是他唯一一次透露關於自己的背景。」

接下來那個星期三，克里斯宣稱該是他離開的時候了。他說他得到尼蘭市西邊五十哩處的沙爾頓市郵局，之前他請牛頭市的麥當勞把他最後應得的薪水支票送到那裡，等候領取。珍說要開車送他過去，他同意了，但當她拿一點錢做為他幫忙照顧攤位的酬勞時，「他像被冒犯了一樣。我告訴他：『朋友，你在這個世界上總得要有點錢才能度日。』但他不肯收。最後我讓他收下幾把瑞士刀和幾把小刀；我告訴他這在阿拉斯加很有用，而且他也可以在路上交換其他物資。」

經過一陣爭辯，珍也讓克里斯收下一些她認為他在阿拉斯加會需要的長內衣和其他保暖衣物。珍笑著說：「他最後是為了讓我不要再囉嗦才收下的，但他離開後，我卻發現這些東西大部分都留在我的休旅車裡，他趁我們不注意時把它們由包包中取出，塞在座位下。亞歷克斯是個好孩子，但有時候實在教我生氣。」

雖然珍很關心克里斯，但她覺得他應該能安然無恙地活下去。她邊思索邊說：「我覺得他最後一定會沒事，他很聰明，知道怎麼操縱獨木舟前往墨西哥、怎麼跳貨車、怎麼在舊市區的傳教單位找個鋪位。這些全是他自己想出來的，我也相信他能夠在阿拉斯加想出辦法來。」

第6章

老人之愛

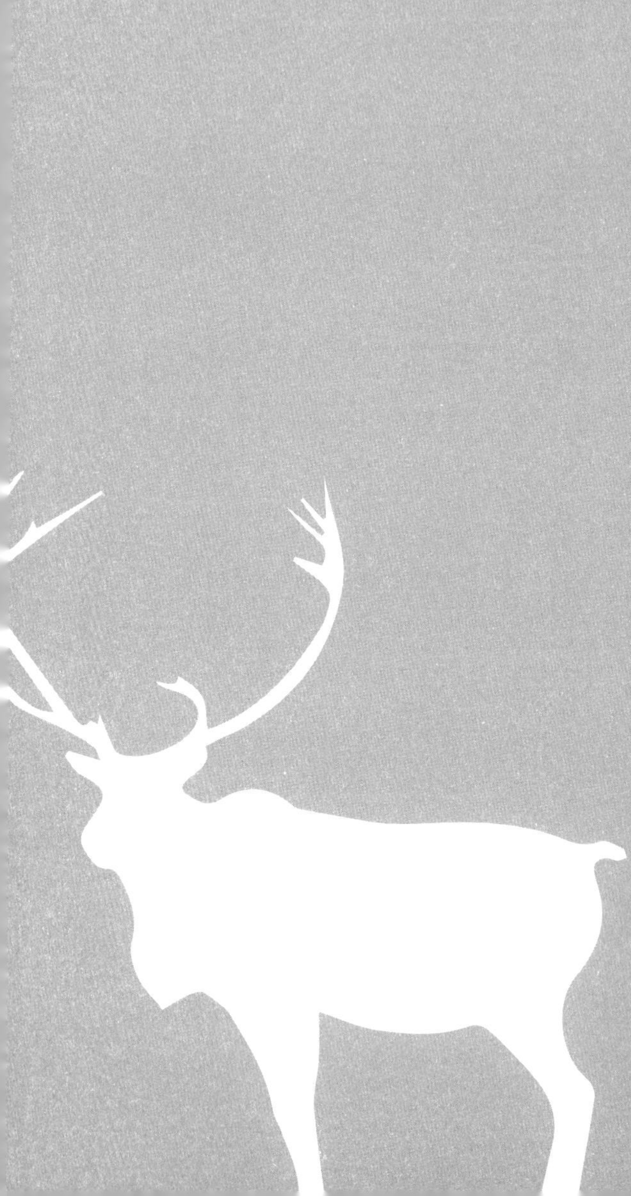

依隨自己良知的人絕不會誤入歧途。
雖然不食肉的結果是體力衰弱，
但恐怕沒有人會因而遺憾，因爲這是和更高原則一致的生活。
如果你能以喜悅迎接日夜，生命散發出花朵和芳香藥草般的芬芳，
更豁達、更璀璨、更不朽，那麼你就是成功的；
整個大自然都向你賀喜，而你也有理由隨時祝福自己。
最偉大的收穫和價值很少受人讚賞，
我們輕易地懷疑它是否存在，也很快地遺忘它；
它是至高的實體……

我日常生活中的眞正收穫，
就如晨昏的色彩一樣難以捉摸，無從描繪。
它就像捕捉到的一點點星辰，是我掌中的一片彩虹。

—— **史坦必德小徑廢棄巴士上發現的刻字**

一九九三年一月四日，我接到一封不尋常的來信，顫抖、老式的筆跡，顯示寫這封信的是個老人。信的開頭是：

敬啟者，

我想要一份刊登年輕人（亞歷克斯．麥克肯多斯）在阿拉斯加死亡文章的雜誌。我要寫信給調查這件事情的作者。

一九九二年三月……我由加州沙爾頓市駕車送他到大強克遜郡，在那裡放他下來，讓他搭便車到南達科他州。他說他會和我保持聯繫。我最後得到他的訊息是在一九九二年四月第一個星期，我收到他的一封信。我們在旅途上拍了照片，我用攝錄影機，而亞歷克斯則用相機。

如果你有該期雜誌，請把雜誌和帳單寄給我……

我知道他受了傷，不過我想知道他怎麼受傷的，因為他背包裡總是帶了足夠的白米，而且他也有極區所需的衣服和不少錢。

隆納德．A．法蘭茲（Ronald A. Franz，應本人要求，此為假名）敬上附注：在我更進一步了解他的死之前，請不要把上述一切告訴別人，因為他不是一般的旅人，請相信我。

隆納德索取的雜誌是一九九三年一月的《戶外》雜誌，其封面故事報導了克里斯．麥克肯多斯的死亡。他的信寄到《戶外》雜誌在芝加哥的辦公室，因為這篇文章的作者是我，於是信件被轉來給我。

在克里斯的「逃避」之旅過程中，很多人都對他印象深刻，儘管其中許多人只和他共處幾天，最多一、兩週而已。然而和這孩子相處期間，受到最深震撼的卻是隆納德，他們倆的軌道交會時，是在一九九二年一月，當時隆納德八十歲了。

在沙爾頓市郵局向珍道別之後，克里斯走向沙漠，在安薩沙漠州立公園邊緣的蒺藜（creosote）灌木叢中紮營，正東方就是沙爾頓海，是個寧靜的小鹹水湖，湖面比海平面低兩百多呎，是因為一九〇五年工程處理不當而造成的：在科羅拉多河挖了一條運河支流，以灌溉帝王谷的肥沃農田後不久，一連串的大洪水導致河水沖出河岸，形成新運河，不停地湧入帝王谷運河。兩年多來，運河因而意外地幾乎將所有的河水吸納導入沙爾頓低地。從前乾涸的低地底層遭河水覆蓋，淹沒了農莊和居留區，最後使四百平方哩的沙漠淹沒於水裡，形成了內陸湖。

沙爾頓海西岸就在豪華轎車出入、入場限制嚴格的網球俱樂部，以及綠草如茵的棕櫚泉高爾夫球場附近五十哩處。這裡一度是房地產投機的目標，計劃了豪華的度假場所，畫了一塊一塊的地皮，然而這些開發並未成真。如今，這些地皮還是空在那裡，逐漸被沙漠掩蓋，風滾草沿著沙爾頓市寬廣而荒蕪的大道生長，道旁豎立的「待售」牌子被陽光曬得褪了色，無人居住的房屋油漆也剝落了。沙爾頓海房地產開發公司窗口的告示寫著「休業」，只有風的呼嘯聲劃破了鬼域般的寧靜。

自湖畔開始，地面和緩地升起，接著突然形成乾涸、幻景般的不毛之地。不毛之地以下的斜坡是一塊空曠的野地，兩岸陡峭的小溪穿過其間。在這裡，在太陽曝曬的低地上，散布著仙人掌、槐藍屬植物和十二呎高墨西哥刺木枝幹，克里斯在蒺藜灌木的樹枝上掛上防雨布，睡在下面的沙地上。

當他需要補給品時，就搭便車或步行四哩路到城裡去，在既是市場、又是酒鋪、還兼郵局的店裡買米，並在塑膠水罐裝滿水。這是一間灰褐色的灰泥建築物，可以說是大沙爾頓市的文化聯絡站。一月中的某個週四，克里斯裝滿水罐，走回斜坡的途中，一名叫隆納德的老人停車載他一程。

萍水相逢

「你的營地在哪裡？」隆納德問道。

「就在『我的老天溫泉』後面。」克里斯答道。

「我在這裡住了六年，從來沒聽過這地方，告訴我怎麼走。」

他們沿著波瑞格·沙爾頓航道開了幾分鐘，克里斯告訴他左轉進入沙漠中，沿著崎嶇的越野車軌跡，駛向狹窄的乾河床。約一哩之後，他們抵達奇特的營區，兩百多人聚居在那裡，在車外過冬。這個邊緣地帶的社區，呈現後啟示（post-apocalypse）美國的情景，有些家庭靠廉價的帳棚拖車遮風避雨；年華老去的嬉皮待在色彩鮮豔的休旅車裡；一個像查爾斯·梅遜（Charles Mason，美國天文學家）的人睡在自艾森豪入主白宮以來，還沒有改作他用、鏽跡斑斑的斯圖貝克車

（Studebaker）中；許多人一絲不掛到處走動。在營地中心，由地熱水井打出來的水，流到兩個熱氣騰騰的淺池中，池畔石頭成列，有棕櫚樹遮蔭。這就是「我的老天溫泉」。

然而，克里斯並不住在泉水旁；他獨自一人在離此半哩的斜坡紮營。隆納德送他繼續前行，在那裡和他閒聊了一會兒才回到城裡。他獨自住在城內，管理一棟搖搖欲墜的公寓樓房，以換取免費的住宿。

隆納德是虔誠的基督徒，成年後大部分時間都在軍旅中，駐紮在上海和琉球。一九五七年除夕，他還派駐海外時，他的妻子和獨子被醉鬼駕車撞死。隆納德的兒子原本在次年六月就要由醫學院畢業，這個打擊使隆納德開始酗酒。

六個月後，他設法振作精神，戒了酒，克服了沮喪，但卻一直沒有真正從打擊中恢復過來。在意外發生後的日子裡，為了安慰自己的孤單，他開始非正式地收養貧窮的琉球小孩，前後總共收養了十四個，並為其中最年長的那個支付到費城讀醫學院的費用，同時提供另一個到日本學醫的學費。

隆納德遇到克里斯時，他長久潛伏的父愛本能又重新燃起。他無法忘懷這個年輕人。這名男孩拒絕說出自己的姓，只說他名叫亞歷克斯，來自西維吉尼亞；他和善有禮、打扮整齊。

「他看起來非常聰明，」隆納德的英語夾著外國腔，似乎摻著蘇格蘭、賓州德語和卡羅萊納州拉長的音調：「我覺得他是個好孩子，不能和那些天體人士、酒鬼和吸毒的人一起在溫泉廝混。」

那個週日，隆納德上過教堂之後，決心要和亞歷克斯談談他的生活方式，總該有人說服他上學、去找個工作，讓他的生命有意義。

他回到克里斯的營地，開始進行生活改造的訓話，不過克里斯突然打斷了他：「聽著，先生，」他大聲地說：「你不必擔心我，我受過大學教育，並不是貧民，我這麼過日子完全出於自願。」

雖然他這番回答十分尖銳，但後來卻為隆納德所感，兩人長談了一番。黃昏來臨之前，他們倆已經開著卡車到棕櫚泉，在一家不錯的餐廳進餐；之後又搭電車到聖哈辛多山頂，克里斯在山腳下挖出一條墨西哥披肩，以及他一年前埋在此地的家當。

情若祖孫

接下來幾週，克里斯和隆納德共度了許多時光。年輕人按時搭便車往沙爾頓市，到隆納德的公寓洗衣、烤肉。他表示他在這裡只是暫時停留，等到春天他就要前往阿拉斯加，開始「最後的探險」。他甚至反過來向祖父輩的隆納德說教，批評他定居生活的缺點，敦促這位八十歲的老人賣掉大部分財產，搬出公寓，四處旅行。隆納德輕描淡寫地應付這些長篇大論，卻很喜歡他的陪伴。

隆納德是小有成就的皮革工匠，他教克里斯皮藝的祕訣。克里斯的第一件皮藝作品是壓花皮帶，他在上面把他的漫遊經歷以圖畫方式做成紀錄：皮帶左端刻了「亞歷克斯」的字樣，接著是C．J．M．（克里斯多福．強森．麥克肯多斯）的縮寫，上面畫著骷髏頭和兩個股骨交叉的圖形；在牛皮帶的另一端可以看到兩線道的馬路、禁止迴轉的標誌、暴風雨引起洪水暴發並困住車輛、搭便車者豎起大拇指的手勢、老鷹、內華達山、太平洋岸騰躍的鮭魚、由奧勒岡州到華盛頓州的太平洋沿岸公路、洛磯山、蒙大拿州的麥田、南達科他州的響尾蛇、韋恩在迦太基的房屋、科羅拉多河、加利福尼亞灣的狂風、獨木舟擱淺在帳棚旁、拉斯維加斯、T．C．D．的縮寫、莫洛灣、艾斯托利亞，最後，在皮帶扣的一端，是N這個字母（應該是代表北方）。這條皮帶技巧高明，充滿創意，就像克里斯所留下來的其他物品一樣，教人歎為觀止。

隆納德愈來愈喜歡克里斯：「老天爺，他是個聰明的孩子。」這位老人以幾乎聽不清的聲音嘶啞地說。說這些話的時候，他直視著兩腳之間的沙地，隨即沉默下來。他僵硬地彎下腰來，抹去褲腳上看不見的塵埃，上了年紀的關節在窘迫的寧靜中嘎嘎作響。

至少過了一分鐘，隆納德才再度開口。他瞇眼望著天空，開始進一步回想有這名年輕人陪伴的日子。隆納德記得，克里斯來訪時，經常會因為憤怒而臉色黯淡，他常嚴詞批評父母、政客或美國主流社會生活的愚蠢。隆納德擔心自己會和這孩子疏遠，因此在這種情況下總不多說話，讓他盡情咆哮。

二月初的某一天，克里斯宣布他要前往聖地牙哥，賺更多的錢，為阿拉斯加之行做準備。

「你不要去聖地牙哥，」隆納德反對說：「如果你缺錢，我可以給你。」

「不，你不懂，我要去聖地牙哥，而且我星期一就走。」

「好，我送你去。」

「別鬧了。」克里斯嘲笑他。

「反正我本來也要去，」隆納德說謊道：「去買一點皮材。」

克里斯不再那麼堅持，他收拾了自己的營地，把大部分的家當存在隆納德的公寓裡，他不想帶睡袋或背包在城裡到處走。接著他搭車和老人越過山脈，前往海邊。隆納德把克里斯載到聖地牙哥港口附近讓他下車時，正下著雨。隆納德說：「要我這麼做真難，我真捨不得離開他。」

二月十九日，克里斯打對方付費的電話給隆納德，祝他八十一歲生日快樂。克里斯記得這個日子，因為他自己的生日在七天前；他在二月十二日剛過了二十四歲生日。電話中他也向隆納德承認自己求職碰壁的事。

二月二十八日，他寄了一張明信片給珍。信上寫著：

哈囉！上週我一直在聖地牙哥街頭露宿，我到此地的第一天，雨下得一塌糊塗，此地的教會爛透了，我慘遭說教。工作方面沒什麼進展，因此我明天北上。我決定在五月一日以前動身去阿拉斯加，但我得要先籌點錢，準備好配備。我可能會回去為南達科他州的朋友工作，如果他用我的話。我現在不知道要往哪裡去，但我到達後會寫信給你，希望你一切都好，祝好。亞歷克斯。

三月五日，克里斯又寄了另一張明信片給珍，還有一張給隆納德。給珍的信上寫道：

來自西雅圖的問候。現在我是個遊民！沒錯，我現在正在火車上，真有趣，我早該跳火車的。不過火車有些缺點，首先，你會變得髒兮兮的，其次是你得應付那些瘋條子。我在洛杉磯特快車上就碰到一個條子，在晚上十點左右，用手電筒找到我。「滾出來，不然我就殺死你。」條子叫道。我走出來，看到他已經拔出左輪槍。他用槍指著我審問，接著吼道：「如果我再在這列火車上看到你，就要你的命！滾吧！」簡直是個瘋子！不過最後還是我贏了，因為五分鐘後我搭上同一列火車，一路駛抵奧克蘭。我會再和你聯絡。亞歷克斯。

一週之後，隆納德的電話鈴響了。他說：「是接線生，問我接不接一個叫作亞歷克斯的人打來的對方付費電話。當我聽到他的聲音時，彷彿下了一個月的雨之後，重見陽光的感覺。」

「你可不可以來接我？」克里斯問道。

「好，你在西雅圖的哪裡？」

克里斯笑了：「我不在西雅圖，我在加州，就在離你不遠的科奇拉。」克里斯在多雨的西北部找不到工作，於是跳了幾趟貨車回到沙漠。他在加州庫頓市被另一個條子逮到，關入獄中。他一獲釋，就搭便車到棕櫚泉東南的科奇拉，打電話給隆納德。隆納德一掛上電話，就十萬火急地去接他。

「我們去時時樂餐廳，讓他大吃了一頓牛排和龍蝦，」隆納德回憶道：「接著我們駛回沙爾頓市。」

克里斯說他只停留一天，只夠他換洗衣服，整理行囊。他已經接到韋恩的訊息，知道在迦太基的穀倉有工作等著他，他十分想去。那天是三月十一日，星期三。隆納德提議要送克里斯到科羅拉多州大強克遜，他下週一和人有約，這是他能送克里斯最遠而不致錯過約會的地點。令隆納德既驚訝又欣慰的是，克里斯接受了他的安排，並無異議。

出發前，隆納德送給克里斯一把彎刀、一件北極用的皮衣、可摺疊的釣竿，以及其他去阿拉斯加可以派上用場的裝備。星期四黎明時分，他們開著隆納德的卡車駛離沙爾頓市。他們在牛頭市停下來，結清克里斯的銀行帳戶，並拜訪查理的拖車。克里斯原先在那裡藏了幾本書和其他家當，包括他沿科羅拉多河乘獨木舟而下的照片日記簿。接著克里斯堅持在河對岸拉夫林市的「金塊賭場」請隆納德午餐。賭場中的一名女侍認出克里斯，熱情地喊道：「亞歷克斯！亞歷克斯！你回來了！」

隆納德在出發前買了一台攝錄影機，沿途常停下來拍攝風景。雖然隆納德把鏡頭對著克里斯時，他經常避開，但從某些短鏡頭還是可以看到他不耐煩地站在布萊斯峽谷上的雪堆中。「好了，走吧，」幾分鐘之後他向鏡頭抗議：「前面路還很長呢。」他穿著牛仔褲和羊毛衣，看起來黝黑、強壯、健康。

隆納德說，雖然行程很趕，但卻是段愉快的旅程。「有時候我們一連開好幾小時，一言不發。」他回想道：「即使他在睡覺，但只要知道他在，我就覺得很高興。」有一次，隆納德向克里斯提出了一個特別的要求：「我母親是獨生女，父親也是獨生子，我又是他們的獨子。自從我兒子死了之後，我就沒有後人了。若我死了，我的家族也就結束了，永遠結束。因此我問亞歷克斯我能不能收養他，他願不願意做我的孫子。」

克里斯聽了這個要求，覺得很不自在，因此他迴避了這個問題：「等我由阿拉斯加回來再談這個問題。」

感傷的別離

三月十四日，隆納德把克里斯留在大強克遜外七十號州際公路的路肩，回到南加州。克里斯很興奮自己能夠繼續北上，而且也覺得鬆了一口氣——因為他又一次避開了人與人之間的交情、友情的親密威脅，以及隨之而來所有麻煩的情感包袱。他已經脫離了自己家庭的幽閉局限，也和珍及韋恩保持距離，在他們對他有所期待之前翩然離去，如今他也一無痛苦地離開了隆納德的生活。

毫無痛苦，這是克里斯的想法，然而這位老人的心情卻不同。雖然我們不知道為什麼隆納德這麼快就這麼喜愛克里斯，但他的情感是真摯、濃厚而純潔的。隆納德多年來都一直孤單度日，既沒有家人，也很少朋友。他是個有紀律又獨立的人，雖然年事已高，而且孤獨，但卻過得很好。克里斯闖入他的世界後，破壞了老人小心翼翼建築起來的防衛。隆納德喜歡和克里斯在一起，但他們逐漸滋生的友誼，卻也讓他了解自己是多麼的孤單。這個孩子揭開了隆納德生命中的空虛，雖然他也填補了一部分。克里斯突然離去，如同他來到時一樣突然，教隆納德出乎意料地難過。

四月初，一封蓋著南達科他州郵戳的長信，送到隆納德的郵局信箱，信上寫著：

嗨，隆，我是亞歷克斯。我已經在南達科他州迦太基市工作近兩週了。我們在科羅拉多大強克遜分手後三天，我就抵達這裡，希望你安全回到沙爾頓市。我很喜歡在這裡工作，一切都很順利。天氣並不太差，而且好多天天氣都很溫和，有些農人甚至已經開始到田裡耕作。南加州現在一定已經很熱了吧。我懷疑你有沒有機會出去，看看多少人在三月二十日彩虹節那天聚集在溫泉那裡。聽起來這個聚會似乎很有趣，但我想你並不真正了解那些人。

我不會在南達科他州這裡待太久。我的朋友韋恩希望我待在穀倉裡，工作到五月為止，然後整個夏天和他一起合作收割打穀，但我一心一意只想去阿拉斯加探險，而且希望能夠在四月十五日之前上路。也就是說我很快就會離開這裡，因此我想請你把寄給我的郵件送到如下的地址。

隆，我真的很感謝你所提供的一切協助，也很喜歡我倆共處的時光。我希望你不會因為我們的分別而太沮喪。我倆可能要很長的一段時間才能再見面，但假如我能夠安然無恙地完成阿拉斯加的探險，未來你將會再聽到我的消息。我想要重複我曾給過你的勸告，我認為你真的應該徹底改變生活型態，勇敢地做你以前從未想過、做過或猶豫半天卻不敢嘗試的事。這麼多人活得很不快樂，卻不主動改變這種情況，因為他們受到安全、服從、保守主義的生活制約。這樣的生活雖然表面上能夠給人心靈上的寧靜，但其實安全的未來，最傷害人心中冒險的靈魂。人的靈魂中，最基本的核心是他對冒險的熱忱。人生的歡樂來自我們接觸新的經驗，因此再沒有比每天面對不斷變化的地平線及不同的新太陽，更能令人喜悅。如果你想要由人生中獲得更多，就必須先放棄自己追求安全但一成不變的習慣，接納起初也許令你覺得瘋狂的忙亂生活方式。但一旦你習慣這樣的生活，就能見到它的意義和它無可置信的美。

因此，隆，簡而言之，走出沙爾頓市，上路吧。我保證你會很高興自己能夠這麼做。但我恐怕你會忽視我的建議，你覺得我太頑固，但其實你比我更頑固。上回在你的歸途中，本來有機會欣賞地球上最偉大的景觀——大峽谷，是每個美國人一生中都至少該看一次的美景。但為了某種我難以理解的理由，你只想盡快趕回家，回到你日復一日同樣的生活。我擔心你未來也會依照同樣的癖性，而未能發現所有上帝放在我們身邊、待我們發覺的美好事物。不要安定下來住在同一處。向前行，流浪，讓每一天都有新的視野。你還會活很長一段時間，隆，如果你沒有把握機會改造你的生命，進入全新的經驗領域，就太可惜了。

若你以為歡樂只來自或主要來自於人際關係，那麼你就錯了。上帝把它安置在我們四周，它存在於我們可能體驗的任何所有事物中。我們應該有勇氣改變平日的生活型態，開始非傳統的生活。

我的重點是，你不需要我或任何人把這種新的光明引入你的生命，它就在那裡，等著你去捕捉，你所需要做的只是伸出手來。你唯一需要克服的，就是你自己和你不肯接納新情境的頑固。

隆，我真的希望你能盡快離開沙爾頓市，在你的卡車後掛上一節休旅車，開始欣賞上帝在美國西部這裡鬼斧神工的偉大作品。你可以見到許多新事物、邂逅許多陌生人，由他們那裡學得許多經驗。你也必須以儉約的方式進行這一切，不住旅館、自炊自煮、花費盡量減少，這是最高原則，你會更欣賞這一切。我希望下一次見到你的時候，你已經成為一個新的人，有許多的新經歷和冒險。不要猶豫或找藉口，只要走出去實行它。只要走出去實行它，你會非常、非常高興自己這麼做了。

好好保重，隆。

亞歷克斯

回信請寄到：
亞歷克斯．麥克肯多斯
麥迪遜，南達科他　57042

教人驚奇的是，這名八十一歲的老人竟把二十四歲流浪小子的建議放在心上。隆納德把他的家具和大部分所有物都放在儲存櫃裡，買了一輛休旅車，裝上床鋪和露營用具，然後搬出公寓，到斜坡去露營。

隆納德占了離溫泉不遠的克里斯的舊營地。他把一些岩石排起來，當成休旅車的停車場，種植多刺的梨子和豌豆科植物做為造景，接著他待在沙漠裡，日復一日，等著他的年輕朋友回來。

隆納德雖然已經八十高齡，有兩次心臟病發作經驗，但看起來還非常結實。他約六呎高，手臂粗壯，胸膛厚實，站得挺直，完全沒有駝背的現象。他的耳朵很大，超過其他五官的比例，結繭結實的雙手也特別大。我走入他沙漠中的帳棚自我介紹時，他穿著舊牛仔褲和潔淨的白色運動衫，繫著自己創作的裝飾皮帶，腳上穿著白襪和磨損的黑色便鞋。你只能由他眉毛之間的皺紋和傷痕很深的鼻子看出他的年齡；他鼻子上有紫色的血管紋路，就像精雕細琢的刺青一般。在克里斯死後一年多，他以機警防備的藍眼睛看著世界。

為了化解他的戒心，我遞給他一堆照片，這是我前一個夏天到阿拉斯加時拍的；在這次的旅程中，我重新追蹤克里斯在史坦必德小徑的終極旅程。這堆照片的前幾張是風景——附近樹叢、長滿雜草的路徑、遙遠的山脈、蘇夏納河。隆納德沉默地審視著，偶爾在我解釋照片內容時點頭頷首，他似乎很高興看到它們。

然而，他看到這孩子死亡時所待的巴士時，卻突然僵硬起來。有幾張照片拍的是克里斯在這輛被棄巴士中的所有物；當隆納德了解他所見到的是什麼時，眼睛迷濛了起來，他把照片丟還給我，不再看其他的照片，然後走到一旁，讓自己平靜下來，而我則囁嚅著道歉。

隆納德不再住在克里斯的營地。突如其來的洪水沖走了替代的路，因此他搬到二十哩遠處，朝向安薩沙漠公園的不毛之地，紮營在與世隔絕的白楊林旁。「我的老天溫泉」現在也沒有了，被帝王谷衛生委員會下令以推土機鏟平，並用混凝土填滿。郡方說，他們擔心在此洗溫泉的人，會因為熱池裡活躍的有毒病菌而罹患重病，因此填平了這座溫泉。

「那當然可能是真的，」沙爾頓市商店的職員說：「但大部分的人認為官方搗毀這座溫泉，其實是因為泉水已經吸引了太多嬉皮和流浪漢這類的人；我們都覺得幹得好。」

和克里斯分別八個月後，隆納德依然待在營地，成天望著路面，希望能見到一名年輕人背著大背包前來；他耐心地等待克里斯回來。在一九九二年最後一星期，聖誕節後一天，他回沙爾頓市收信件，在回來的路上讓兩名旅人搭他的便車：「一個來自密西西比，我想，另一個則是美國原住民。」隆納德回憶道：「在往溫泉的路上，我開始向他們談到我的朋友亞歷克斯，以及他動身到阿拉斯加的探險。」

突然，印第安青年插嘴說：「他是不是姓麥克肯多斯？」

「沒錯，你們見過他了，那麼——」

「我真不願啟齒，先生，但你的朋友死了。凍死在凍原地帶，我剛在《戶外》雜誌上看到的。」

隆納德驚詫之餘，仔細追問詳情。細節似乎是真的，他描述的故事合乎情理。一定有什麼地方出了可怕的差錯，克里斯永遠不會回來了。

隆納德記得：「亞歷克斯前往阿拉斯加的時候，我祈禱，祈求上帝照看他；我告訴他，這孩子不同凡響。但祂卻讓亞歷克斯死了。因此在十二月二十六日，在得知真相之後，我和主斷絕了關係。我退出了教會，成為無神論者，上帝讓這麼可怕的事發生在亞歷克斯這樣的孩子身上，我覺得自己無法信仰祂。」

隆納德繼續說：「我讓旅人下車後，將車掉頭駛回商店，買了一瓶威士忌，然後回到沙漠把它喝光。我已經很久沒喝酒，因此覺得噁心想吐。我希望它能讓我死去，但卻沒死成，酒只是讓我很想吐、很想吐。」

第7章

惺惺相惜

有些書籍……其中一本是《天路歷程》，
描述一個人離開他的家庭，但沒有說是什麼原因。
我不時翻閱這本書，它的敍述很有趣，但卻很難讀懂。

— **馬克・吐溫，《頑童流浪記》**

的確，很多有創意的人無法建立成熟的人際關係，有些更是極端孤立。
有時，太早經歷生離死別的悲傷，
的確也會使原本有創造力的人發展出的人格，
在相對孤立的狀況下尋得滿足。
但這並不表示孤獨、有創造力的追求本身是病態的……

逃避的行爲是一種保護兒童避免行爲混亂的反應。
如果我們把這個觀念應用到成人生活中，就可以了解，
逃避的兒童很可能會發展爲以尋找人生意義和秩序爲目的的成人，
而這種意義和秩序並非全然來自人際關係。

— **史托，《孤單：回歸自我》（Anthony Storr, *Solitude: A Return to the Self*）**

龐大的約翰．狄爾 8020（John Deere 8020）農具機靜靜地停在落日餘暉下，四周是收割了一半的南達科他州高粱田。韋恩沾滿泥濘的球鞋由聯合打穀機的口中露出來，彷彿機器正一口吞噬他，彷彿長滿雜草的金屬正在消化它的獵物。「拜託，把那渾蛋鉗子拿給我。」由機器深處冒出憤怒而沉悶的聲音：「你們這群傢伙是不是忙著把兩手插在口袋裡，站在旁邊袖手旁觀？」打穀機在這幾天裡已經壞三次了，韋恩急著想在夜色降臨之前更換手很難搆著的「軸襯」。

一個小時後他爬出來，滿身油汙和穀殼，不過總算修好了。「抱歉這麼亂吼，」他道歉說：「我們連續好幾天都工作十八小時，我想我有點暴躁，這一季已經太晚了，而我們人手又不足。希望亞歷克斯趕快回來工作。」此時，距克里斯的遺體在阿拉斯加史坦必德小徑被發現的時間，已過了五十天了。

七個月之前，在一個寒冷的三月下午，克里斯徐徐步入迦太基穀倉的辦公室，宣布他已經準備好開始工作。韋恩回憶道：「我們正在那裡忙著早上的貨車，亞歷克斯走進來，肩上掛著舊的大背包。」他告訴韋恩他打算待到四月十五日，以籌足經費。他解釋他得買一堆新裝備，因為要去阿拉斯加。克里斯答應秋天時回南達科他州幫忙收成，但他希望在四月底抵達費爾班克斯，以便有足夠的時間北上。

在迦太基的那四週，克里斯努力工作，處理沒有人願意做的骯髒、煩瑣事務：清洗倉庫、除蟲、油漆、割草。有一次，韋恩教克里斯操作裝貨機，打算讓他做些較具技巧的工作以為酬謝，「亞歷克斯很少使用機器，」韋恩邊說邊搖頭：「看他手忙腳亂地踩離合器、操作槓桿真是有意思。他絕對不是有機械頭腦的人。」

克里斯也沒有太多常識。不必問，就有很多認識他的人自動告訴你，說他似乎有見樹不見林的毛病。「亞歷克斯倒不是全然不懂人情世故，」韋恩說：「只是，他的腦袋似乎少根筋。記得有一次我到屋裡，走進廚房就聞到一股可怕的臭味。我是說，裡面聞起來惡臭無比。我打開微波爐，發現底下滿是腐臭的油脂。亞歷克斯用微波爐煮雞，但他從沒想到該把油倒掉，他並不是懶得清理它——他做事總是乾淨而井井有條，只是他根本沒有注意到油脂在那裡。」

克里斯回到迦太基不久的那個春天，韋恩向他介紹他斷斷續續長期交往的女友，蓋兒．布洛（Gail Borah），一名身材嬌小、黑眼睛的女人，如蒼鷺般纖瘦，有著細緻的五官和金色的長髮。三十五歲的她已經離婚，有兩個青春期的子女。她很快就和克里斯親近起來。蓋兒說：「他起先有點害羞，不容易和人相處。我只覺得那可能是因為他孤單慣了。」

「我幾乎每天晚上都要亞歷克斯過來吃晚餐，」蓋兒又說：「他是個大胃王，碗裡從不剩任何食物。從來不。他也是個好廚師，有時候他要我去韋恩那裡，他為每個人準備晚餐。他煮很多飯。你以為他終究會覺得煩，但卻從來沒有。只要有二十五磅的米，他說他可以什麼都不吃度過一個月。」

父子間的陰影

「亞歷克斯和我在一起時，聊了很多。」蓋兒回憶道：「聊些嚴肅的事情。他吐露了一些自己的心事，他說可以告訴我他無法告訴別人的事情。你可以看出他有什麼事煩心，顯然他和家人處得不好，但他很少談到家人，除了他的小妹妹卡琳。他說他們倆很親近，說她很漂亮，她走在街上，男生都會轉頭看她。」

韋恩這邊倒不關心克里斯的家庭問題：「不論他是為了什麼理由煩惱，我想一定有其原因。既然他已去世，我也就不想追究了。如果亞歷克斯現在在這裡，我一定會生氣地告訴他：『你究竟在想些什麼？這麼久不和家人聯絡，視他們如敝屣！』有個為我工作的孩子，甚至連父母親都沒有，但他卻從未抱怨。不論亞歷克斯的家人是怎麼回事，我保證我見過比他情況更糟的。我了解亞歷克斯，我想他可能是和父親有齟齬，又不能置之不理。」

韋恩的猜測，的確是對華特和克里斯父子關係相當正確的分析。他們兩人都很頑固，又很敏感。華特的控制欲，及克里斯過度的獨立天性，兩極化的對立是難免的。從高中到大學期間，克里斯對華特的服從，到了令人驚訝的地步，但這孩子內心積怨已久。他仔細思索父親道德上的缺失，父母生活型態的偽善，以及他們有條件的愛的專制。最後克里斯反抗了——當他終於這麼做的時候，也是以他一向極端的作風反抗。

在克里斯失蹤前不久，他曾向卡琳抱怨父母親的行為。「如此不理性、暴戾、無理，令我終於忍無可忍。」他繼續寫道：

既然他們不重視我，畢業後幾個月我要讓他們覺得他們是對的，讓他以為我「改變主意，接納了他們的觀點」，以為我們的關係已穩定下來。然後，等時機成熟，我會採取突然、迅速的行動，將他們逐出我的生活，和他們脫離關係。在我有生之年，永遠不再和這兩個蠢人說話；我要和他們一刀兩斷，永遠。

韋恩感受到克里斯和他父母親之間的冷漠，恰和他在迦太基展現的熱情相對比。他外向，而且心情好的時候特別有魅力，吸引了許多人。當他回到南達科他州時，已經有信件等著他，是他在路上遇見的人寫來的，韋恩記得其中包括「一個對他非常著迷的女孩寫來的信，他在一個叫作田布克杜的地方認識她的——我想那是個營地。」但克里斯不論對韋恩或是對蓋兒，都沒有提到任何韻事。

「亞歷克斯從沒有向我提過女朋友之類的事，」韋恩說：「雖然他提過將來想要結婚，組織家庭，但你看得出來，他不會輕易建立男女關係；他不是那種只想找女孩子上床的人。」

蓋兒也覺得克里斯很少在單身酒吧裡流連，她說：「有一天晚上，我們一堆人到麥迪遜一間酒吧去，他原來根本不肯上舞池，但一旦上了舞池，卻又不肯休息。我們狂歡了一番。亞歷克斯死後，卡琳告訴我，據她所知，我是少數曾經和他共舞的女性。」

克里斯在高中曾和兩、三個異性建立親密的關係。卡琳記得有一次他喝醉酒，在半夜帶一個女孩到他房間（他們上樓梯時聲音太大，驚醒比莉，比莉便把女孩送回家）。但並沒有什麼跡象顯示他在少年時代有活躍的性生活，甚至更沒有跡象證明他在高中畢業後曾和女人同床共枕。同樣的，也沒有跡象顯示他和男性在性方面有接觸。克里斯似乎對女人有興趣，但卻保持貞潔，一如修士。

道德的潔癖

貞潔和道德無瑕是克里斯經常思索的特質。的確，在發現他遺體的巴士裡有一本故事集，其中包括托爾斯泰的〈克羅采奏鳴曲〉（The Kreutzer Sonata），故事裡原為貴族的苦行者主角公開指責「肉體的需求」。在摺角的書頁中，有幾段這樣的段落被畫上星號或做了記號，書頁邊緣以克里斯獨特的筆跡寫上祕密的記號。另外，在巴士上找到的梭羅《湖濱散記》〈更高的法則〉（Higher Laws）那一章中，克里斯在以下這段文字上畫了記號：「貞潔是男人成熟的過程；所謂的天才、英雄主義、神聖等等，只是其後的不同果實。」

身為美國人，我們深受性的刺激，為之魂牽夢縈，又怕又愛。一名外表健康的人，尤其是健康的青年男子，竟能放棄肉體的誘惑，教我們驚詫莫名，不禁擠眉弄眼，疑心大起。

然而克里斯在性方面明顯的天真無邪，是受了我們文化的導引；貞潔無欲的人格似乎備受推崇，至少某些知名的這類人士確是如此。他對性方面矛盾的情感和其他一心一意擁抱原野的名人相呼應——最有名的是梭羅（終其一生都是處男）及博物學者繆爾（John Muir），更不用提其他數不清、叫不出名的朝聖者、探尋者、冒險者和不適應環境的人。就像其他所有受曠野誘惑的人一樣，克里斯受到各種欲望驅使，把性慾拋諸腦後。就某方面來說，他的渴望強烈得很難以與人的接觸來抑止。他雖可能受到女人幫助的誘惑，但在和大自然結合、和宇宙合而為一的期待下，這種誘惑微不足道。因此，他朝北而去，前往阿拉斯加。

克里斯向韋恩和蓋兒保證，他在北方的遊歷結束之後，就會回到南達科他州，至少回來度秋天。之後，再看情況而定。

「我的印象是，這次阿拉斯加之旅是他最後一次大探險，」韋恩說：「他想要安定下來。他說要寫一本關於他的旅行的書。他喜歡迦太基。由於他的學歷，沒有人覺得他會終其一生待在天殺的穀倉裡工作。但他的確想要回來一陣子，在穀倉裡幫我們的忙，順便想想下一步要做什麼。」

那年春天，克里斯一心一意就想去阿拉斯加。他一有機會就談這個旅行。他去找城裡老練的獵人，問他們打獵、製革、燻醃肉類的技巧。蓋兒駕車送他到密契爾的凱馬特超市（Kmart），採購最後一些裝備。

到了四月中，韋恩人手不足，非常忙碌，因此他要克里斯延後離開，再做一、兩個星期。克里斯完全不考慮。「亞歷克斯一下定決心，就不再改變。」韋恩惋惜道：「我甚至願意為他買到費爾班克斯的機票，讓他能再工作十天，以便他能依原計畫在四月底前抵達阿拉斯加。但他說：『不行，我要搭便車到北方去。搭機就是欺騙，會破壞整個行程。』」

在克里斯向北出發的前兩天晚上，韋恩的母親瑪麗邀他到她家晚餐。「我媽並不怎麼喜歡我雇的幫手，」韋恩說：「她本來對和亞歷克斯見面也不怎麼熱中，但我一直纏著她，告訴她：『你一定要見見這孩子。』於是她終於邀他晚餐。她和亞歷克斯兩人一見如故，不停地談了五小時。」

「他有迷人的特質，」瑪麗解釋說，她坐在擦得亮晶晶的胡桃木桌前，當晚克里斯就在這張桌子上用餐。「亞歷克斯看起來好像比二十四歲老得多，令我印象深刻。不論我說什麼，他總是想更進一步知道我話中的含意，想更了解為什麼我會這樣想，他渴望知道更多。他和我們大家不一樣，他是那種堅持要實現信仰的人。

「我們談了幾小時書籍；迦太基沒有多少人愛談書。他不斷地談馬克‧吐溫，天哪，他真有趣，我真不希望那個晚上結束。我非常期待今年秋天能再見到他，我無法忘懷他，腦海裡一直浮現他的臉孔——當天他就坐在你現在坐的那張椅子上。想想看我只和亞歷克斯共度了幾個小時，卻為他的死那麼難過，實在很教人驚奇。」

在迦太基的最後一晚，克里斯和韋恩一夥人在「餘興」酒館狂歡，傑克‧丹尼爾（Jack Daniel）的歌聲四處流洩。教人吃驚的是，克里斯坐在鋼琴前，他從未提過他會彈琴，但他開始敲出夜總會味道的鄉村曲調、爵士和湯尼・班奈特（Tony Bennett）的曲子。他並不是強迫聽眾欣賞、自我幻想有才華的醉鬼，蓋兒說：「亞歷克斯真的會彈，我的意思是說，他彈得很好。我們全都著了迷。」

臨別的眼淚

四月十五日早上，大家聚集在穀倉為克里斯送行。他的行囊很重，靴子裡塞著約一千美元。他把日記和相本留給韋恩保管，也把他在沙漠裡製作的皮帶留給他。

「亞歷克斯常常坐在『餘興』酒館的吧台上讀皮帶，一連幾個小時，」韋恩說：「好像在為我們翻譯象形文字似的。他刻在皮帶上的每一幅圖畫，都有長遠的故事。」

克里斯和蓋兒擁別，她說：「我注意到他在哭，這令我害怕。他並沒有計劃離開太久，我猜他一定是打算冒大險，知道自己可能再也回不來，所以才哭泣。那使我開始有種不祥的感覺，覺得我們永遠看不到亞歷克斯了。」

一輛龐大的牽引機等在前方，韋恩的員工羅德．渥夫（Rod Wolf）必須拖一堆向日葵籽到北達科他州恩德林，他答應載克里斯到州際九十四號公路。「我讓他下車時，他肩上掛著那把大刀，」渥夫說：「我想『老天爺，沒有人看到那把刀還願意載他』，但我什麼也沒說，只是和他握了握手，祝他好運，要他來信。」

克里斯寫了。一週後，韋恩收到簡短的明信片，上面蓋著蒙大拿的郵戳：

四月十八日。今晨搭貨運火車抵達懷特菲什。我一切順利。今天我要越過邊界向北朝阿拉斯加而去。代我問候每一個人。

保重。亞歷克斯

接著，在五月初，韋恩接到另一張明信片，這一次來自阿拉斯加，正面是一張北極熊的照片。郵戳日期是一九九二年四月二十七日。上面寫著：

寄自費爾班克斯的問候！

韋恩，這是你最後一次聽到我的消息。我兩天前抵達此地，在育空地區搭便車不太容易，不過我終究還是到了。

請把所有寄給我的信都退回給寄件人，我可能要很長一段時間才會再回到南方。如果我在這次冒險中喪生，而你將不會再聽到我的音訊，那麼，我想先告訴你，你是個好人。現在我要邁向曠野。

亞歷克斯

同一天，克里斯也寄了一張同樣內容的卡片給珍和鮑勃：

嗨，兩位！

這是你們最後一次收到我的訊息。現在我要走入曠野。多保重。很高興認識你們。

亞歷山大

第8章

朝聖的旅客

畢竟，有創意的天才投身於病態的困境可能是種壞習慣，
這麼做雖然能夠獲得極佳的洞察力，
但對無法把心靈傷害化爲有意義的藝術或思想的人，
卻不是永久生活之計。

—— **羅斯札克，《追尋奇蹟》**
（Theodore Roszak, *In Search of the Miraculous*）

在美國，我們一向相信捨棄一切、回歸自然，就能得到自由：
帶著你的創傷到曠野療傷、轉變心情、休養等等。
就像海明威的作品中所描述的，
如果你的傷不太嚴重，這樣做的確就能生效。
然而，這裡不是密西根，也不是福克納描述的密西西比森林。
這裡是阿拉斯加。

—— **霍格蘭，《沿黑河上行》**
（Edward Hoagland, *Up the Black to Chalkyitsik*）

克里斯死在阿拉斯加，其撲朔迷離的死因經媒體報導後，許多人認定這孩子必定是有什麼事煩心。《戶外》雜誌上關於克里斯的那篇文章引來不少回響，其中有許多信件對克里斯大加撻伐；還有我，因為身為那篇文章作者的我，竟然公然讚美人們視為愚蠢無謂的死亡。

這些持反對意見的郵件大多是阿拉斯加人寄來的。住在史坦必德小徑前端小村落希利的一位居民寫道：「在我看來，亞歷克斯是個瘋子。作者描述的是一個人放棄一小筆財富、拋開親愛的家人、放棄自己的車子、手錶和地圖，把最後一點錢燒光，然後步入希利以西的曠野之中。」

「我個人看不出克里斯的生活型態或曠野主義有什麼積極正面的意義，」另一名讀者來信指責：「刻意以簡陋的裝備進入曠野，經歷瀕死的體驗，並不會讓你成為比較好的人，只會讓你成為好狗運的倖存者。」

一名讀者質疑：「為什麼打算『在荒野中住幾個月』的人，竟然會忘記童子軍的第一信條：準備妥善？為什麼會有子女給他的父母和家庭帶來這樣永久而深沉的痛苦？」

「克拉庫爾如果覺得克里斯『亞歷山大・超級遊民』不是瘋子，那麼他自己就是瘋子。」來自阿拉斯加北極鎮的來信這麼主張：「克里斯太過分了，因此在阿拉斯加碰了壁。」

最尖刻的批評來自一封密密麻麻寫了好幾頁的信，寄自北極圈北部喀布克河畔的小村落安布勒。來信者是一名白人作家和教師，來自華府，名叫尼克・詹斯（Nick Jans）。他說明寫信時已是凌晨一點，又喝了幾杯老酒，因此寫起來洋洋灑灑：

過去十五年來，我在曠野見過幾個像克里斯這樣的人。故事都一樣：充滿理想、精力充沛的一個年輕人高估了自己，低估了曠野，最後惹上麻煩。克里斯一點也不特別；很多這樣的人在本州遊蕩，故事都成陳腔濫調了，唯一不同的是克里斯的結局是死亡，而他的蠢行卻由媒體大加報導……傑克・倫敦在〈生火〉故事裡並沒有錯；克里斯終究只不過是傑克・倫敦書中主人翁在二十世紀的拙劣模仿者而已。他凍死是因為他不顧勸告，過於自傲……

讓他致死的無知，其實只要地質學會的四分儀和一本童子軍手冊，就可以避免。雖然我同情他的父母，但卻並不憐憫他。……這樣任性的無知……也就是不尊重大地，和艾克森石油的維德茲油輪（Exxon Valdez，在阿拉斯加近海漏油，是美國最嚴重的油輪漏油事件）一樣傲慢——另一個準備不足、過度自負的人因缺乏應有的謙遜，在大自然裡莽莽撞撞、焦慮不安。這兩個例子只有程度上的不同。

克里斯做作的禁欲主義和假借文學名義的姿態，加重而非減少了所犯的錯誤……克里斯的明信片、筆記和日記……讀來就像中上程度、卻裝模作樣的高中學生寫的——或者，是不是我忽略了什麼？

阿拉斯加知識分子對這個故事的看法是，克里斯只是另一個不切實際、準備不周、缺乏經驗的青年，他來到曠野，希望找到所有問題的答案，卻只找到蚊群和孤寂的死亡。過去這些年來，也有數十名邊緣人步入阿拉斯加曠野，卻再也不見蹤影。有些人則深深植入阿拉斯加人共同的記憶裡。

例如有一名反文化的理想主義者，他在一九七〇年代初期穿過塔納納村，宣稱終其餘生要「和大自然互通聲息」。隆冬時分，一名田野生物學者在近托弗地的空屋內，發現了他所有的家當——兩支來福槍、露營裝備、一本寫滿關於真和美和深奧生態理論等毫無條理的胡言亂語，屋內滿是雪堆，但這名年輕人卻杳無蹤跡。

幾年後，有一名越戰老兵在查爾基齊克東的黑河建了一座小木屋，以便「遠離人群」。到了二月，他因糧食吃光而餓死，而他顯然沒有企圖自救，因為在下游三哩處就有一座小木屋，裡面貯滿了肉類。記者霍格蘭寫到他的死亡時指出，阿拉斯加「可不是尋求隱居經驗或愛好寧靜風格的好地方」。

嬉皮灣市長

還有一九八一年我在威廉王子灣岸碰到的任性天才。當時我在阿拉斯加柯多瓦外的林中露營，打算在拖網漁船上找個水手的工作，但卻徒勞無功。我在那裡等待機會，一直到漁獵部宣布第一個商業捕鮭季開始。一個雨天下午，我在城裡和一名邋遢而浮躁、四十歲左右的人不期而遇。他留著雜亂的黑鬍子，髮長及肩，用一條骯髒的尼龍頭帶紮起。他快步走向我，因為肩上扛著六呎長的木頭而拱著背。

我向他打招呼，他含糊地回答，然後我們停下來在毛毛雨中聊了一下。我並沒有問他為什麼扛一根浸濕的木頭進入林間，這兒已經有很多木頭了。我們誠懇地互相問候，接著就分道揚鑣。

由那場簡短的對話，我推斷他就是本地人稱為「嬉皮灣市長」的知名怪人——嬉皮灣是城北海岸沿線彎曲的部分，吸引了許多長髮的旅人，「市長」在那附近住了多年。嬉皮灣大部分的居民都是像我一樣，夏天才來柯多瓦，希望能找到高薪的捕魚工作，如果不成，至少可以在鮭魚罐工廠找到工作；但市長卻與我們不同。

他的真名是吉恩·羅塞里尼（Gene Rosellini），是富裕的西雅圖餐飲業者維克多·羅塞里尼（Victor Rosellini）最年長的繼子，也是一九五七至一九六五年頗受愛戴的華盛頓州長亞伯特·羅塞里尼（Albert Rosellini）的堂兄弟。吉恩年輕時是運動健將，也是聰穎的學生，他愛讀書，練瑜伽，也是武術專家。在高中和大學時代，他的平均成績是完美的滿分，也曾先後在華盛頓大學和西雅圖大學埋頭苦讀人類學、史學、哲學和語言學，累積了數百個學分，卻沒有取得學位，因為他覺得沒有必要；他認為追求知識本身就是有價值的目標，不需要外在的認可。

不久，吉恩離開學術環境，離開西雅圖，沿北方海岸經過英屬哥倫比亞和阿拉斯加，在一九七七年抵達柯多瓦。在城邊的森林間，他決定終其一生專注於偉大的人類學實驗。

抵達柯多瓦十年後，他告訴《安克拉治日報》的記者黛博拉．麥可金妮（Debra McKinney）：「我想知道，人類有沒有可能不靠現代科技而生存。」他懷疑，人類是否能夠回到猛獁象和劍齒虎出沒的時代，像老祖宗那樣的生活，抑或我們已脫離我們的根源太遠，因而沒有火藥、鋼鐵和其他文明產物，就無法生存。吉恩以他一向注重細節的頑固天性，摒棄了生活中所有的工具，只留下自己用雙手以自然材質製作的原始工具。

「他相信人類已經變為退化的生物，」麥可金妮解釋說：「他的目標就是要回歸自然的狀態。他永遠以不同的時代來做實驗——羅馬時代、鐵器時代、銅器時代。到最後，他的生活型態有新石器時代的成分。」

他以植物根部、漿果、海藻維生，用矛和陷阱獵捕野獸野禽，衣衫襤褸，忍受嚴冬，對於這種艱苦的生活，似乎樂在其中。他位於嬉皮灣上的房子是沒有窗的茅舍，是他親手蓋的，不用鋸子、也不用斧頭。麥可金妮說：「他可以花幾天時間用尖石頭磨穿木頭。」

彷彿自訂的規律生活還不夠嚴苛似的，吉恩在不為食物忙碌的時候，還強迫自己運動。他整天做柔軟體操、舉重、跑步，背上經常背著一袋石頭。一年夏天，他平均每天步行十八哩。

吉恩的「實驗」延續了十年以上，但最後他覺得促使自己這麼做的問題已經有了答案。他在給朋友的一封信中寫道：

> 我總認為，人是可能回到石器時代的，成年之後這三十年來，我一直針對這個目標安排調整自己。最後這十年，我可以說自己真切體驗石器時代人類的身體、心理和情感情境。但最後還是得面對現實。我現在知道人類不可能離開大地而活。

吉恩似乎很平靜地接受他的假設的失敗。四十九歲的他，很高興地宣布要「重新訂定」目標，然後他打算「背著行囊，踏遍全世界。我希望每天能走十八至二十七哩，每星期七天，一年三百六十五天」。

但這個旅程並沒有開始。一九九一年十一月，人們發現吉恩面朝下倒在他的小木屋裡，刀子穿過心臟，驗屍官說致命傷是他自己造成的。他並沒有留下遺書，也沒有留下任何一點暗示，說明為什麼他會在那時以那種方式結束自己的生命。永遠沒有人會知道。

特立獨行的約翰

《安克拉治日報》以頭版報導吉恩的死和他古怪的生活方式。相對的，約翰·莫倫·瓦特曼（John Mallon Waterman）的勞苦生活所吸引的注意就少得多。約翰生於一九五二年，在克里斯成長的華府郊區附近長大。他父親老瓦特曼是音樂家和自由作家，小有名氣，曾為數位現任總統、前總統和其他知名的華府政壇人士撰寫演說詞；此外，他也是登山專家，在三個孩子很小的時候，就教他們登山。約翰是次子，十三歲時首次攀岩。

約翰有這方面的天才，一有機會就往峭壁跑，不能去攀爬時，則著魔似地訓練自己。他每天做四百個伏地挺身，疾走兩哩半的路去上學；下午他步行回家，到了家門口，又掉頭走回學校，再折返回家。

一九六九年，十六歲的約翰攀上麥金萊山（他稱之為狄納利〔Denali〕，像其他阿拉斯加人一樣，他喜歡這座山的亞薩巴斯卡語〔Athapaskan〕名字），成為登上這座美洲最高地形第三年輕的人。接下來的幾年，他在阿拉斯加、加拿大和歐洲，有更教人矚目的成就。直到一九七三年前往費爾班克斯，在阿拉斯加大學就讀時，約翰已經擁有「北美洲最有前途山友」的聲譽。

約翰身材矮小，僅五呎三吋高，擁有體操選手般小精靈似的臉孔，和結實、精力充沛的體魄。在朋友的印象裡，他是不善交際的男孩，有粗俗的幽默感和古怪、幾乎可以說躁鬱的個性。

山友兼同學的詹姆斯・布萊迪（James Brady）說：「我第一次碰到約翰時，他穿著黑斗篷，戴著艾爾頓・強式、鏡片中央有顆星的眼鏡，在校園昂首闊步。他帶著一把廉價吉他，用寬膠帶黏著，為任何願意聽他演唱的人，彈唱那走了調、述說他冒險歷程的歌曲。費爾班克斯經常吸引很多古怪的人，但就算以費爾班克斯的標準來看，他還是很古怪。他格格不入，很多人都不知道該怎麼和他來往。」

要了解約翰不穩定的原因倒不難。他的父母蓋伊和瑪麗・瓦特曼（Guy and Mary Waterman）在他少年時期就離了婚。據一位家庭好友透露，蓋伊「在離婚之後，根本拋棄了他的兒子們。他不要和孩子有任何的關係，這對約翰造成了重大的傷害。在父母離異後不久，約翰和哥哥比爾去探望他們的父親，但是蓋伊不肯見他們。不久之後，約翰和比爾搬到費爾班克斯與叔叔同住。他們在北方那裡時，有一次約翰因為聽說父親要來阿拉斯加登山而非常興奮。但在蓋伊抵達這一州之後，卻從來沒有花心思去探視兒子。他來了又走了，懶得費事去看望。這讓約翰非常傷心。」

與約翰很親密的比爾在少年時期因為嘗試跳上貨運列車而失去了一條腿。一九七三年，比爾寫了一封謎般的信，模糊地提到有長期旅行的計畫，然後就消失得無影無蹤；直到今天，沒有人知道他後來怎麼了。等到約翰學會登山之後，他的八位密友和登山夥伴先後意外喪生或自殺身亡。如果說這樣接二連三的不幸，對約翰年輕的心靈造成了嚴重的打擊，並不為過。

一九七八年三月，約翰開始驚人的遠征，單獨攀登杭特山東南支脈，這是從沒有人攀登過的路線，過去曾經有三隊登山菁英嘗試，卻都不幸失敗。記者葛林・藍達爾（Glenn Randall）在《登山》雜誌描寫這次的壯舉，據他報導，約翰描述他攀登時的伴侶是「風、雪和死亡」：

如發泡蛋白般輕盈的雪簷凌空突出一哩遠；垂直的冰牆，就像一桶半融化、又重新結凍的冰塊那般易碎。它們使山脊兩側又窄又陡，想通過此地的最好辦法是叉開雙腿而行。有時候痛苦和寂寞打敗了他，使他崩潰哭泣。

經過八十一天筋疲力竭的危險攀登後，約翰攀上了位於狄納利南方的阿拉斯加山脈中，高達一萬四千五百七十三呎的杭特山山頂。他另外又費了九星期的時間下山，只比上山略輕鬆一點；約翰總共在山上獨自過了一百四十五天，最後回到文明世界時，他身無分文，於是他向送他離開山區的飛行員克里夫．赫德森（Cliff Hudson）借了二十美元，然後回到費爾班克斯，他在那兒唯一能找到的工作，是洗盤子。

不過在費爾班克斯山友的小圈子裡，約翰卻被視為英雄。他公開做了一次攀登杭特山的幻燈片展，布萊迪描述這次的展示說：「令人難忘。真是令人驚奇的演說，完全無拘無束。他滔滔不絕地訴說所有的想法和情感、對失敗的害怕以及對死亡的恐懼，讓人覺得好像當時你和他一起在山上似的。」在壯舉之後的幾個月，約翰發現，成功不但沒有消除他心中的惡靈，反而更刺激了它們。

約翰開始思緒不寧，布萊迪回憶道：「約翰經常自我批判，自我分析，嚴重到無法克制的地步。他時常帶著寫字板和一疊筆記紙做詳細的筆記，記錄他每天所做的每一件事。我記得有一次在費爾班克斯鬧區遇到他，當我走近時，他就拿出筆記本，記下他見到我的時間，並且記錄其實並沒有什麼的談話內容。我們見面的紀錄就有三、四頁，前面還有他當天草草記下的其他事物。他一定有一堆又一堆那樣的筆記，但我相信除了對約翰之外，它們一點意義都沒有。」

不久，約翰參與學校理事會的競選活動，主張學生應有無限制的性行為，以及迷幻藥應予合法化。不出眾人所料，他沒有被選上。接著他立刻又參加另一場政治選舉，代表「餵飽飢餓黨」（Feed-the-Starving Party）參選美國總統，主張這個星球上不應有人死於飢餓。

為了宣揚政見，他計劃在冬天帶最少的食物，單獨攀登狄納利的南面山麓，也就是最險峻的部分。他想要強調一般美國人飲食的浪費和不道德。為了訓練，他把自己浸在裝滿冰塊的浴缸裡。

約翰在一九七九年十二月飛到卡希特納冰河，開始登山，但只進行十四天就取消了。據說，他告訴送他前往曠野的駕駛員：「帶我回家，我不想死。」兩個月後，他又開始第二次的嘗試。然而，在許多人前往阿拉斯加山登山探險活動的起點——狄納利南方的托基納村中，他住的小屋起火燒成瓦礫，他的設備和視為畢生心血、大量累積的筆記、詩和私人日記化為灰燼。

約翰被這樣的損失擊垮了。火災翌日，他自行前往安克拉治精神病院，但又在兩星期後離開，他認為有某種陰謀想將他永遠趕走。一九八一年冬季，他展開另一次狄納利遠征單獨之旅。

彷彿單獨在冬季攀登高峰還不夠困難似的，這一次他決定在這場生死賭局裡提高賭注，由海平面開始攀登，也就是必須先從庫克灣走一百六十哩辛苦而迂迴的路，才能到達山腳下。他在二月間開始由海濱向北行，但他的熱忱在距山峰三十哩的露絲冰河下游就煙消雲散，於是又撤回到托基納。不過，三月間他又下定決心，再次從事孤獨的旅行。離城之前，他告訴他視為朋友的飛行員赫德森說：「我再也見不到你了。」

那是阿拉斯加山極冷的三月，到了月底，穆格斯．史敦普（Mugs Stump）在露絲冰河上游碰到了約翰。史敦普是世界知名的登山家，一九九二年於狄納利去世；當時他剛剛在附近走完了「摩西齒峰」的困難新路。和約翰邂逅不久之後，史敦普到西雅圖來看我，他說：「約翰似乎有點心不在焉，他行為古怪，談些瘋癲的事。他應該是在進行冬日攀登狄納利的壯舉，但身上卻沒帶任何裝備，只穿著一件廉價的連身式摩托雪車服，甚至連睡袋都沒有。他所有的食物只是一包麵粉、一點糖，和一大罐的食用油。」

藍達爾在《斷裂點》（*Breaking Point*）一書中寫道：

幾週來，約翰都在薛爾頓山屋附近徘徊，這是位於山區中央、露絲冰河旁的一間小木屋，他的朋友凱特・布爾（Kate Bull）當時正在攀登附近的區域。布爾說約翰很疲憊，也比平時粗心，他用向赫德森借來的無線電呼叫赫德森，讓他送更多補給品來，然後把借來的無線電還給赫德森。無線電是他唯一可用來求救的工具，但他說：「我不再需要這個了。」

四月一日約翰出現在露絲冰河的西北支流，那是他最後的蹤跡。他的足跡朝著狄納利東壁，直穿過巨大裂縫形成的迷宮而去，可見他一點也不打算克服眼前的危險。此後再也沒有人見過他；大家猜測他可能踏穿薄弱的雪橋，墜入深不見底的裂縫中而身亡。國家公園管理處在他失蹤後的那星期中，從空中搜索了他預訂要走的路線，但毫無所獲。山友後來在薛爾頓山屋內發現約翰的裝備箱上有張紙條，上面寫著：「一九八一年三月十三日下午一點四十二分，我最後一吻。」

極度樂觀的卡爾

或許人們無可避免地會拿克里斯和約翰互相比較；不過也有人拿克里斯和卡爾．麥可昆（Carl McCunn）的例子相較。卡爾是一名和氣但散漫的德州人，一九七〇年石油榮景時，他發現阿拉斯加縱貫油管建設計畫裡，有個待遇不錯的工作機會，於是遷到費爾班克斯來。一九八一年三月初，當約翰最後一次攀登阿拉斯加山脈時，卡爾雇了一名飛行員，專機飛到靠近柯林河的遙遠湖泊上，大約在布魯克斯山脈南緣的育空堡東北方七十五哩處。

三十五歲的卡爾是業餘攝影家，他告訴朋友此行的主要目的是拍攝野生動物的照片。他帶著五百卷底片飛入曠野，還帶了點二二、點三〇－點三〇口徑的來福槍、獵槍和一千四百磅的補給品。他打算在曠野待到八月，但不知為什麼他卻忘了安排飛行員在夏日將盡時將他送回文明世界，結果賠上自己的生命。

這種教人驚駭的疏忽在卡爾的舊識馬克．史托普（Mark Stoppel）眼中，倒不足為奇。史托普是一名費爾班克斯青年，在卡爾出發前往布魯克斯山區前不久，兩人在油管工程中共事了九個月。

「卡爾是個友善、人緣很好、很淳樸的人，」史托普回憶道：「他似乎很聰明，但卻有愛做夢、不切實際的一面。他喜歡耍派頭，喜歡喝酒、聊天、跳舞。他非常負責，但偶爾他卻會一時興起，憑衝動、虛張的勇氣和派頭做事。卡爾到曠野去，竟忘記安排人接他回來，倒不足為奇；光怪陸離的事我見得多了。我有幾個朋友，不是淹死、慘遭謀殺，就是在古怪的意外中喪生。在阿拉斯加，你會習慣各種奇怪的事情。」

八月下旬，白晝逐漸變短，布魯克斯山已經入秋，氣候轉寒，想到沒有人會來載他離開山區時，卡爾開始擔心。他在日記中承認：「做離開此地的安排時，我想我該更有遠見。」他日記中的重要部分，在他死後由克拉斯·凱普斯（Kris Capps）代為發表在《費爾班克斯礦工報》上。他在日記上接著寫道：「我不久就可以知道結果。」

一週又一週過去了，卡爾可以感受到冬日加速地降臨。他的糧食補給愈來愈少，使他深深悔恨自己竟把所有的獵槍子彈丟入湖裡，只留下一點。他寫道：「我不斷地想著兩個月前我丟掉的獵槍子彈，原本有五盒，當時我看著這些子彈，覺得自己帶這麼多來實在太傻了。（覺得自己好像是個戰爭販子。）……真聰明！誰知道我居然會需要它們，以保障自己不會餓死呢？」

後來，在一個凜冽的九月上午，救星似乎近在眼前。當時卡爾正用剩下的子彈追捕鴨子，突然飛機的引擎聲劃破了寂靜，很快地，飛機就在他頭上盤旋。飛行員見到下面的營帳，降低高度飛了兩圈靠近觀察。卡爾激動地揮舞螢光橙色的睡袋袋子。那架飛機配備的是輪子而非浮筒，因此無法降落，但卡爾確定飛行員已經看見他，並會招來一架水上飛機救他。他信心滿滿地在日記上寫著：「在他繞行一圈之後，我就不再揮手，忙著打包行李，準備拔營。」

但當天卻沒有飛機來，第二天也沒有，第三天也沒有。最後，卡爾查看打獵執照的背面，在這張小紙上印著緊急時和飛機溝通的手勢，才了解為什麼沒有人來救他。「我記得我舉起右手，高聳肩膀，在飛機第二次經過時，搖晃著我的拳頭。」卡爾寫道：「但這是歡呼的手勢，就像你的球隊達陣得分。」不幸的是，他太晚才知道，舉起一隻手臂的意思是「一切順利，不需要援助」，而要表示「SOS，迅速援助」的話，他應舉起兩隻手臂。

「那可能是他們飛走之後又回來再巡視一遍的原因，但那一次我卻沒有發出任何信號（其實我可能甚至在飛機經過時背對著飛機），他們可能因此把我當成怪人而把我拋諸腦後。」

到九月底，雪已經堆積在凍原上，湖面也已經結冰。卡爾帶來的補給品已經吃光，因此他嘗試採集玫瑰花莢，設陷阱捕捉野兔，甚至一度食用漫步到湖邊病死的北美馴鹿屍體。然而到了十月，他體內的脂肪已經消耗殆盡，在酷寒的長夜中很難保持溫暖。「城裡一定有人會認為發生了什麼問題，以致於我居然到現在還沒有回去。」他寫道。但依然沒有飛機出現。

史托普說：「想像有人神奇地出現拯救他，這的確是卡爾的作風。他是運輸工會會員；他駕駛卡車，有很多時間得坐在車裡等待工作繼續或做白日夢，難怪他會想要去攀爬布魯克斯山。對他而言，這是非常認真的旅程，有整整一年的時間他不停地思索、計劃或琢磨著這件事，在休息時和我談該帶些什麼裝備。但除了細心的計畫之外，他也有一些不成熟的幻想。」

史托普繼續說：「例如，卡爾不想自己一個人到曠野裡去。他原來最大的夢想，是離開文明世界，和美女到曠野中同住。他對幾個和我們一起工作的女孩有興趣，也花很多時間和精力，想要說服蘇、芭芭拉或任何一個女人陪他前往曠野——但這實在是天方夜譚。我的意思是，在我們工作的『七號抽油站』油管營地中，男女比率大約是四十比一，根本不可能有女孩願意和他一起去。但卡爾是個愛做白日夢的花花公子，一直到飛向布魯克斯山之前，他還不停地希望有個女孩會改變心意，決定和他一起走。」

「同樣的，」史托普解釋：「卡爾也會幻想有人發現他有了麻煩，並為他搬救兵。即使在餓死邊緣，他可能還幻想著有人會在最後一分鐘，帶著整整一飛機的食物飛來救他。但他的幻想實在太離譜，沒人幫得上忙。卡爾愈來愈飢餓，等他最後終於明白沒人會來救他時，已經太虛弱，以致於沒辦法進行任何求救行動了。」

卡爾的食物供應縮減到幾乎什麼都沒有，他在日記中寫道：「我非常擔心，坦白說，我有點害怕。」溫度降到華氏零下五度（約攝氏零下二十度），他的手指和腳趾上都長出了凍瘡。

十一月，吃下了最後的口糧，他覺得虛弱、暈眩；寒冷蹂躪著他瘦削的身軀。他的日記寫著：「雙手、鼻子與雙腳的情況愈來愈糟，鼻端腫脹、起泡、結痂……這的確是緩慢而又痛苦的死法。」他曾經想到離開安全的營地，徒步走向育空堡，但又覺得自己不夠強壯，可能在抵達之前就會因體力耗盡和嚴寒而倒下。

「卡爾去的是阿拉斯加遙遠的不毛之地。」史托普說：「在那裡，冬天比地獄還要冷。有些人處在他的情況下，也許會想辦法走出去或過冬，但要這麼做必須非常有策略。例如也許你得蒐集自己的糞便；你得變成老虎、殺手、動物之類。但卡爾太退縮，他只是個花花公子。」

「我不能再這樣下去了，我害怕。」卡爾在十一月底，日記接近尾聲的地方這麼寫著。他的日記現在已經累積了一百頁藍條紋的活頁紙。「上帝，請原諒我的弱點和我的罪惡，請照看我的家人。」隨後，他斜倚在營帳上，把點三〇－點三〇口徑的槍指向自己的頭，扣下扳機。兩個月後，一九八二年二月二日，阿拉斯加州警找到了他的營帳，在帳棚內發現他瘦弱的屍體凍得像石頭一樣堅硬。

吉恩、約翰、卡爾和克里斯有其相似之處。就像吉恩和約翰一樣，克里斯是個尋覓者，對大自然無情的一面有不實際的幻想。就像約翰和卡爾一樣，他毫無常識，但和約翰不同的是，他並無心理上的疾病；而他和卡爾不同之處，則在於遭遇困難時，他並未幻想有人會自動出現拯救他。

克里斯並不怎麼符合在曠野中死亡的典型。雖然他在曠野間舉止輕率粗野，而且粗心到有勇無謀的地步，但他並非無法勝任——否則他不可能在那兒待了一百一十三天。而他既不是瘋子，不是反社會者，也不是被社會遺棄的人。克里斯是另一種人——雖然究竟是什麼很難說，也許可以說他是個朝聖的旅客。

如果研究以前其他有相同奇特經驗的人，或許能讓我們對克里斯的悲劇有更進一步的了解。如要這麼做，我們必須把焦點離開阿拉斯加，移到南猶他州光禿岩石的峽谷。一九三四年，在那裡，一名特別的二十歲男孩步入沙漠，永遠沒有再出現。他的名字是艾佛芮特・瑞斯（Everett Ruess）。

第9章

追尋美與孤寂

至於我該何時往訪文明，我想不會太快。
我還沒有厭倦荒野；反而更享受它的美，以及目前所過的流浪生活。
我喜愛鞍座勝過電車；喜愛滿天星斗勝過屋頂；
喜愛朝向未知、幽僻難行的小徑，勝過平坦的公路；
喜愛曠野中深沉的寧靜，勝過在都市生活中形成的不滿之心。
你會責怪我待在這個我有歸屬感，且和周遭世界合而爲一的地方嗎？
我的確想念聰穎的夥伴，
但很少人能分享對我意義如此重大的事物，因此我學會了自制。
我的周遭充滿了美，這就夠了……

甚至由你的輕描淡寫，
我都知道我受不了你不得不忍受的單調生活。
我覺得自己無法安定下來，
因爲我已經知道太多人生的奧妙，而曾經滄海難爲水。

—— **艾佛芮特生平所寫的最後一封信**
給哥哥華爾道（Waldo），一九三四年十一月十一日

艾佛芮特追尋的是美，他以非常浪漫的方式來詮釋美。
若不是他對美一心一意的奉獻裡，有某種莊嚴的成分，
我們也許會笑他對美崇拜過度。
將美學當成客廳中的情感不僅可笑，而且褻瀆；
但若將美當成生活的一種方式，往往成爲一種尊嚴。
如果我們嘲笑艾佛芮特，那麼我們也該嘲笑約翰．繆爾，
因爲他們倆除了年齡之外，並無差別。

—— **史泰格納，《摩門鄉》(*Mormon Country*)**

台維斯小溪幾乎終年都只是涓涓細流，甚至有時連這都談不上。它起源於一座名叫「五十哩點」的高岩壁下，溪水流過南猶他州粉色沙石板上四哩，就注入包威爾湖——葛林峽谷水壩上長達一百九十哩的龐大水庫。不論用什麼標準來衡量，台維斯峽谷都只是個小分水嶺，但卻很可愛。幾個世紀以來，穿越這個乾旱地區的旅客非常依賴這個獸道般的、狹徑下的綠洲。陡峭的岩壁上，刻有九百年歷史的奇特岩石雕刻和象形文字，創造這些岩石藝術的，是早已經消失的凱恩塔阿納薩齊（Kayenta Anasazi）人，他們曾蝸居於隱密的角落。古代阿納薩齊人的陶器碎片，以及本世紀初曾在峽谷中放牧的牧人丟棄的生鏽錫罐，混雜在沙堆裡。

短短的台維斯峽谷就像光滑岩石上的彎曲裂縫，有些地方窄得可以一躍而過，成列突出的沙石壁面阻礙了進入峽谷的通路，不過，在峽谷較低的一端，還是有一條祕密道路通往峽谷。就在台維斯溪注入包威爾湖處上游，有一條天然的坡道由峽谷西緣蜿蜒而下，在小溪河床上不遠處結束，之後是近一世紀前摩門教牧人鑿開軟沙石而建的粗糙階梯。

圍繞著台維斯峽谷的曠野，是一片布滿石頭和磚紅色沙土的不毛之地，其上罕見植物，在黯淡的陽光下，幾乎看不到影子。然而，向下走入峽谷，卻進入了另一個世界。白楊優雅地倚著花朵盛開的霸王樹；修長的青草在微風中輕輕搖曳；美西特有百合（sego lily）朝開暮謝的花朵，由九十呎高的石拱門下探出頭來；峽谷鷦鷯則在矮櫟的葺草中以哀傷的音調來回啼叫。在溪流上方，一股泉水由峭壁壁面湧出，滋潤了高懸於岩壁，宛如青翠壁毯的苔蘚及孔雀草。

謎樣的艾佛芮特

六十年前，在這個世外桃源中，離摩門台階和溪流河床交會處下游不到一哩處，年方二十的艾佛芮特・瑞斯，在峽谷壁上阿納薩齊人的象形文字板下，刻下了他的筆名，同樣的，也在阿納薩齊人所建，用來儲放穀物的小型石造建築的門口刻下：「尼莫，一九三四（NEMO, 1934）」。很顯然的，他所受的感動，和促使克里斯在蘇夏納河畔廢棄公車上刻下「亞歷山大・超級遊民，一九九二年五月」的衝動是相同的；也許，和促使阿納薩齊人在岩壁上刻下他們獨有的，但現在難以解讀的符號的衝動相差不大。無論如何，艾佛芮特在沙石上刻下他的標記，離開了台維斯峽谷之後，就神祕地失蹤了，而且顯然他是預先計劃好的，大規模的搜索也未能找到他的蹤跡。他就是消失了，整個被沙漠吞噬，六十年後，我們依然不知道究竟發生了什麼事。

艾佛芮特於一九一四年生於加州奧克蘭，是柯利斯多夫和史黛拉・瑞斯（Christopher and Stella Ruess）的小兒子，他還有一個哥哥。柯利斯多夫是哈佛神學院的畢業生，是個詩人、哲學家及唯一神派（Unitarian）牧師，不過他的職業則是加州刑事系統的官員。史黛拉是位倔強的女性，有波西米亞式的品味和衝勁十足的藝術野心——不論是對她自己還是對她的親人。她自行出版了一份文學期刊《瑞斯四重奏》（*Ruess Quartette*），封面飾有傳家格言：「榮耀時光」。瑞斯一家親愛團結，過著遊牧式的生活，由奧克蘭遷到弗雷斯諾、洛杉磯、波士頓、布魯克林、紐澤西及印第安納，最後才回到南加州安頓下來，當時艾佛芮特已經十四歲了。

在洛杉磯，艾佛芮特上了歐蒂斯藝術學校和好萊塢高中。十六歲時，他開始首次單獨長征，在一九三〇年夏天搭便車緩慢地走過優勝美地和大蘇爾，最後抵達卡邁爾。抵達卡邁爾兩天後，他厚著臉皮去敲艾德華・魏斯頓（Edward Weston）的門，這位名聞遐邇的攝影大師很喜愛這個疲憊的年輕人，因此接納他。以後的兩個月，他鼓勵這個孩子發展他在繪畫和版畫方面雖不均衡但有潛力的天賦，並准許艾佛芮特和他的兒子尼爾和柯勒一起在他的工作室閒蕩。

到了夏末，艾佛芮特返家，停留時間正好足夠讓他在一九三一年一月拿到高中文憑；不到一個月後，他再度出發了。這次他單獨踏上猶他、亞利桑納和新墨西哥州的峽谷地區，當時這些地區就像現在的阿拉斯加一樣，人煙稀少，充滿神祕。除了在加州大學洛杉磯分校短暫不愉快的停留（他讀了一學期就退學，令父親非常失望）、兩次回家停留較長時間探望父母親，以及在舊金山度過一個冬天（在那兒，他打入了桃樂西亞・蘭格〔Dorothea Lange〕、安瑟・亞當斯〔Ansel Adams〕，和畫家梅納德・狄克森〔Maynard Dixon〕的圈子），他如隕石般短暫的一生都在旅途上度過，只帶很少的金錢，背著背包，席地而睡，有時候一連餓了幾天，但依然甘之如飴。

依史泰格納的說法，艾佛芮特是個「毫無經驗的浪漫分子、不成熟的唯美主義者，更是歷代荒原流浪者的翻版」：

十八歲的他夢見自己穿過叢林，攀過岩壁，流浪過世上浪漫的荒地。只要是心裡還記得少年時代活力的人，沒有人會忘卻這些夢想。但艾佛芮特的特別之處在於：他真的出發去實現他的夢想，而且不是只在文明的、裝飾性的遊樂園中度個兩週的假，而是在自然奇境中度過數月、數年……。

他刻意懲罰自己的身體、考驗自己的耐心、測試自己的毅力。他故意前往印第安人和前輩警告他不要去的小徑。他爬上懸崖，不止一次讓自己懸在岩錐和邊緣之間。……他從水潭邊、峽谷底和納瓦荷山上的營帳中，給家人和朋友們寫了情緒激昂、滔滔不絕的長信，在信中咒罵文明的千篇一律，頌揚自己對世界所發的不成熟牢騷。

艾佛芮特寄出許多這樣的信件，其上的郵戳遍及他所經過的窮鄉僻壤：凱恩塔、欽利、魯卡丘凱、錫安峽谷、大峽谷、梅薩維德、艾斯卡蘭特、彩虹橋、雀力峽谷；這些信收錄在羅秀（W. L. Rusho）考證仔細的傳記《艾佛芮特・瑞斯：追尋美的漂泊者》（*Everett Ruess: A Vagabond for Beauty*）一書中。閱讀這些信件，我們不由得會因艾佛芮特與自然世界聯繫的渴望，以及他對沿途所經鄉野的熱情而動容。他在給朋友康納爾・坦吉（Cornel Tengel）的信中寫道：「自上次寫信給你後，我在原野中有了一些美妙的經歷，它們強烈而難以抗拒。但另一方面，我總有被擊垮的感覺；而我正需要這種感覺來維持生命。」

美的感動

艾佛芮特的書信顯露了他和克里斯之間神祕的相似之處；以下是其中三封信的摘錄：

> 我最近愈來愈想永遠做曠野裡孤獨的流浪者。天知道這些小徑多麼吸引我；筆墨無法形容它令人難以抗拒的誘惑。終究只有寂靜的小徑最美……而我將永不停止

地流浪。當死亡來臨時，我要找最荒涼、最孤寂、最杳無人煙的地點。

曠野的美已成為我的一部分，我覺得離人生更遙遠……我在這裡結交了一些好朋友，然而並沒有人真正了解我為什麼在這裡、我在做什麼。我不知道有誰能真正了解這些；畢竟我已經孤獨太久了。

我一直不喜歡一般人所過的人生，總希望能夠活得更豐富、更多采多姿。

在今年的漂泊中，我擁有比以往更多、更激烈的冒險經歷。而我見到的是多麼壯觀的曠野啊——未開化、廣闊的荒原景致，受侵蝕而消失的台地，由沙漠銀朱色沙堆中冒出的藍色山脈，底部寬僅五呎、深達數百呎的峽谷，由無名峽谷傾盆而下的豪雨，數百間已荒廢百年的懸崖居民房屋……。

半世紀之後，克里斯在寫給韋恩的明信片中有一段極類似的話：「我已經決定要這樣生活一段時間，這種自由和簡樸的美，令人難以放棄。」同樣的，在克里斯寫給隆納德的最後一封信（見一〇七至一一一頁）中，也可以見到。

艾佛芮特和克里斯一樣浪漫，也一樣不注意個人安全。考古學者克萊本・洛基特（Clayborn Lockett）一九三四年挖掘居住於絕壁的阿納薩齊人遺跡時，曾暫雇艾佛芮特為廚師。洛基特告訴羅秀說，他對艾佛芮特在危險絕壁間魯莽移動的舉止，感到驚駭不已。

的確，艾佛芮特曾在一封信中自誇：「為了尋找水或絕壁居住者的遺跡，我曾上百次把自己的生命託付給易碎的沙石和近乎垂直的岩緣；還有兩次，我幾乎被野牛用角刺死。但到目前為止，我毫髮無傷地逃過劫數，而且繼續其他的探險。」艾佛芮特在他最後一封信中，也毫不在乎地向他哥哥坦白：

好幾次我驚險地逃過響尾蛇和粉碎的絕壁。最近一次是卻可拉泰洛（他的驢子）驚擾了一群野蜂，差點要了我的命。蜂螫大概三、四天後，我的眼睛才能睜開，雙手才恢復功能。

艾佛芮特也像克里斯一樣不畏肉體的艱苦，有時候甚至還喜歡這樣的折磨。他告訴朋友比爾·賈柯布斯（Bill Jacobs）：「六天來，我一直為野葛毒藤所苦——我的折磨還沒有結束。」他繼續說：

這兩天我真不知自己是死是活，我在熱氣中翻轉打滾，成群的螞蟻和蒼蠅爬遍全身，毒液慢慢地在我臉上、手上和背上流動，結成硬塊。我什麼也沒吃——什麼都不能做，只能冷靜地忍受……。

我每一次都會遇上它，但我可不願就這樣被趕出叢林。

就像克里斯一樣，艾佛芮特開始最後的旅程時，也使用了一個新名字，或者應該說是一連串的新名字。他在日期是一九三一年三月一日的信中，通知家人他決定自稱藍·羅米歐（Lan Rameau），要求他們「請尊重我的筆名……。」兩個月後，他的另一封信又說：「我又改了名字，叫作艾佛特·盧蘭（Evert Rulan）；朋友認為我的名字太怪異，而且法國化得離譜。」接著在同年八月，他未曾解釋，又把名字改回艾佛芮特，用了三年，直到流浪到台維斯峽谷。在那裡，為了某種不知名的原因，他兩度在柔軟的納瓦荷沙石上刻下尼莫（Nemo）的名字——也就是拉丁文「無名小卒」的意思，然後便消失得無影無蹤。那時他年方二十。

艾佛芮特寫的最後一封信是在摩門信徒定居的艾斯卡蘭特投郵的，這個地方在台維斯峽谷北方五十七哩，信的日期是一九三四年十一月十一日，收件人是他的父母和哥哥。他們說當時他已經「一、兩個月」不和人接觸了。信寄出後八天，艾佛芮特在距峽谷一哩處遇到了兩名牧羊人，在他們的營地中住了兩晚；他們是最後見到這名年輕人的人。

神祕消失

艾佛芮特離開艾斯卡蘭特後三個月左右，他的父母收到一束由亞利桑納大理石峽谷郵政局長轉來的未拆封信件，艾佛芮特早該到那裡，但卻還未抵達。他的父母不由得擔心起來，於是聯絡了艾斯卡蘭特當局。當局於一九三五年三月組織了搜索隊，由艾佛芮特最後露面的牧羊營地開始地毯式搜索鄰近的曠野，很快就在台維斯峽谷底部發現艾佛芮特的兩隻驢子，正在由樹枝和樹幹圍築的畜欄裡滿足地吃草。

驢子被關在上峽谷，就在摩門教徒階梯和峽谷底部交會處上游。往下游走一點，搜索人員發現艾佛芮特營地的確實證據，然後，在一座宏偉的天然拱門下，阿納薩齊人的穀倉門口，他們看見石板上刻著「尼莫，一九三四」的字樣，四個阿納薩齊的罐子小心翼翼地排在附近的岩石上。三個月後，搜索人員在峽谷稍遠處發現另一個尼莫的塗鴉（自一九六三年葛林峽谷水壩建成後，包威爾湖上漲的湖水已淹沒了這兩個塗鴉），但除了驢子和栓繩之外，卻找不到任何艾佛芮特的所有物品——他的露營裝備、日記和畫，全都消失得無影無蹤。

很多人相信艾佛芮特是在攀爬峽谷時摔死的，以當地的危險地形（大部分由納瓦荷沙石組成，這是一種易碎的地層，被腐蝕為光滑、凸出的懸崖），以及艾佛芮特愛好危險的攀岩來看，這的確是可能的情況。然而，仔細搜索遠近的懸崖，卻沒有挖出任何人類的遺骸。

那麼如何解釋艾佛芮特帶著沉重的裝備，卻不帶牲口而離開峽谷的事實呢？這些教人迷惑的情況使得某些調查人員認定，艾佛芮特遭一群偷牛賊殺害，這些偷牛賊早就在附近出沒，他們偷走了他的物品，再把他的屍體埋起來，或丟入科羅拉多河中。這個說法也有可能，但並沒有具體的證據。

艾佛芮特失蹤後不久，他的父親曾提到他可能是受法國作家儒勒．凡爾納（Jules Verne）的《海底兩萬哩》的影響，才自稱「尼莫」的。艾佛芮特對這本書愛不釋手，書中誠實的主角尼莫船長刻意逃避文明，切斷他與「地球上所有的關係」。艾佛芮特的傳記作者羅秀同意其父的看法，他指出，艾佛芮特「退出井井有條的社會、鄙視世俗的歡樂，以及他在台維斯峽谷上署名『尼莫』，全都強烈地暗示他相當認同凡爾納書中的角色。」

艾佛芮特對尼莫船長的著迷，使得許多把艾佛芮特神化了的人都揣想，艾佛芮特可能欺騙了世人，在他離開台維斯峽谷之後，靜靜地以另一個身分居住在世界的某一角落。一年前，我在亞利桑納州金曼市加油時，和已步入中年的加油工談起艾佛芮特，這名加油工人是個身材瘦小而緊張的人，嘴角上殘留著酒滴。他一口咬定「認識一個曾見過艾佛芮特的傢伙」，時間是一九六〇年代末期，在納瓦荷印第安保留區偏遠的泥蓋小屋裡。加油工的朋友說，艾佛芮特娶了一個納瓦荷族女孩，至少生養了一個孩子。不用說，這個故事和最近其他有關艾佛芮特的報導，都不可信。

曾經和許多人一樣花了許多時間調查艾佛芮特之謎的肯·史萊特（Ken Sleight）認為，這孩子死在一九三四或一九三五年初，並且他也認為自己知道艾佛芮特死亡的真相。六十五歲的史萊特是專業的河上領航員，也是美國西部沙漠居民，自小受摩門教育長大，舉止率直。在愛德華·艾比（Edward Abbey）所著關於峽谷區生態恐怖主義的小說《猴子歪幫》（*The Monkey Wrench Gang*）中，據說其中「神出鬼沒的史密斯」一角，就是依據他的朋友史萊特刻劃的。史萊特已在此地住了四十年，去過所有艾佛芮特去過的地方，和所有碰到艾佛芮特的人都談過，也帶艾佛芮特的哥哥華爾道到台維斯峽谷，去勘察艾佛芮特消失的地點。

史萊特說：「華爾道認為艾佛芮特遭到謀害，但我覺得並非如此。我在艾斯卡蘭特住過兩年，和當地人認為是凶手的人談過，我就不相信是他們做的。不過誰知道呢？你永遠不知道人們私底下會做什麼。另外有些人覺得艾佛芮特摔下了懸崖。的確，這也有可能，在那種地方很有可能，但我不相信這是當時的情況。

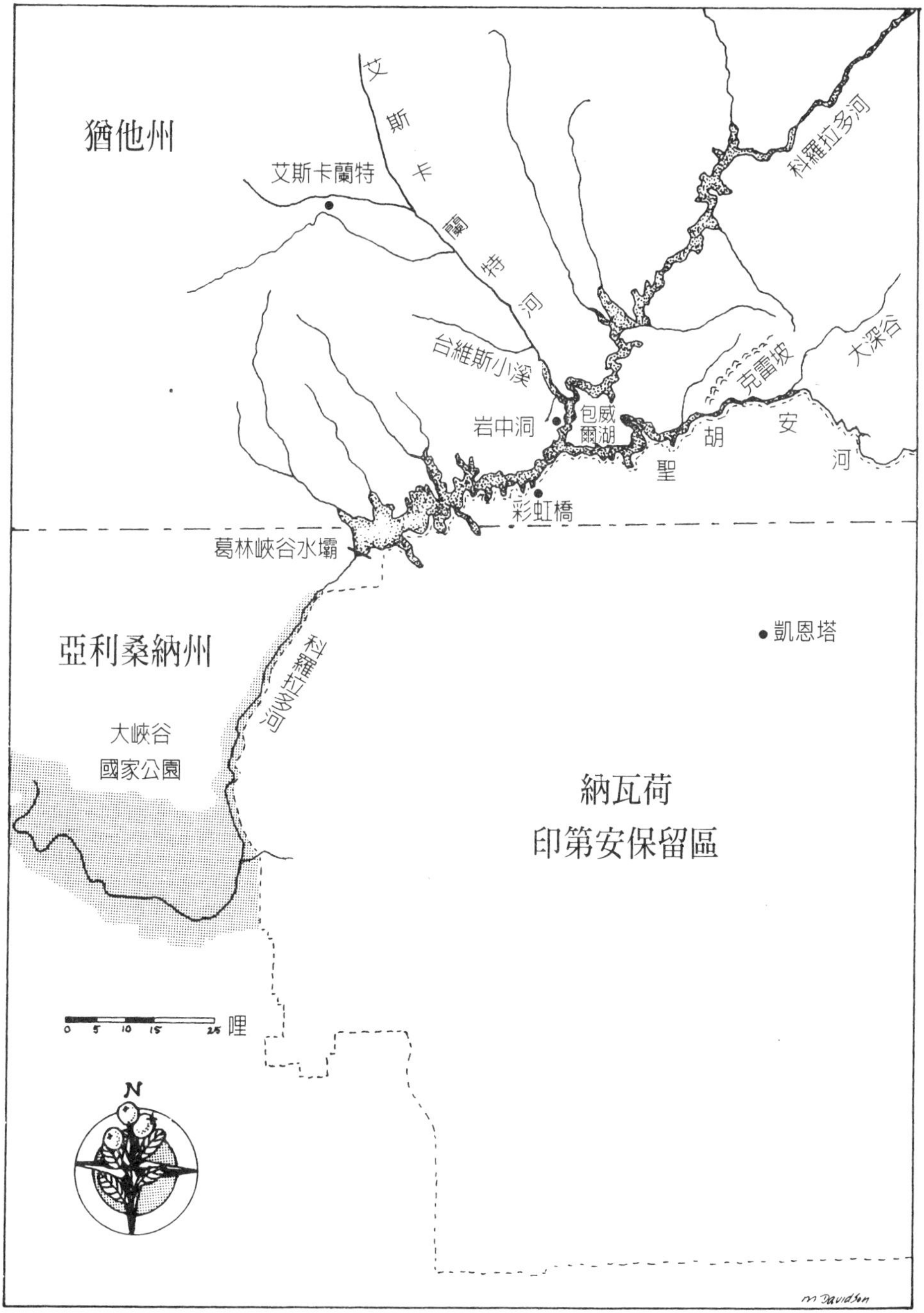

科羅拉多河流域附近地圖

讓我告訴你我的想法：我覺得他是淹死的。」

幾年前，史萊特步行走下位於台維斯峽谷正東方六十五哩，聖胡安河的支流「大深谷」時，發現「尼莫」這個名字刻在阿納薩齊穀倉軟灰泥上。史萊特推測，艾佛芮特刻下這個「尼莫」的名字時，才離開台維斯峽谷不久。

史萊特說：「他在台維斯把驢子圈入獸欄後，把所有的裝備藏在某個洞穴內，然後離開，把自己當成尼莫船長。他在納瓦荷保留區有印第安朋友，我覺得他就是往那裡去。」前往納瓦荷保留區的必經路徑是，艾佛芮特應在「岩中洞」這個地方渡過科羅拉多河，然後沿著一八八〇年摩門拓荒者開拓的崎嶇路徑，越過威爾森台地和克雷坡，最後順大深谷而下，抵達聖胡安河，保留區就在河對岸。「艾佛芮特在大深谷刻下『尼莫』，亦即在柯林斯溪匯流處下游約一哩，接著繼續向聖胡安河前進。然後，當他試著游過河時淹死了，這是我的想法。」

史萊特認為，如果艾佛芮特能夠活著游過河去，到達保留區，那麼就不可能隱藏他的行蹤，「即使他還在假扮尼莫。艾佛芮特是個獨來獨往的人，但他也愛人群，不可能待在那兒，隱姓埋名度過餘生。我們很多人都像那樣——我就像那樣，愛德華·艾比也像那樣，這個叫做克里斯的年輕人似乎也如此，我們喜愛友情，但我們也無法忍受長時間一直和他人在一起。因此我們讓自己失蹤，回來一段時間，接著再次失蹤。那就是艾佛芮特的做法。」

「艾佛芮特很奇怪，」史萊特認為：「有點不一樣，但他和克里斯兩人至少嘗試著追尋他們的夢想。那就是他們偉大的地方，因為他們嘗試過。曾經這樣做過的人並不多。」

心靈的樂土

如果把眼光放遠，可能更容易了解艾佛芮特和克里斯。讓我們看看早在一世紀之前，在遙遠地方的相似例子。

就在冰島的東南海岸，有一個叫作帕波斯的邊界小島，島上草木不生，處處岩石，由北大西洋吹來的強風不斷地吹襲著。這個島的名字，來自首批定居於此，被稱為帕波爾（papar）的愛爾蘭修道士，不過他們現在已經消失了。一個夏日午後，我走在這個表面粗糙的海岸上，無意中發現埋在苔原之下模糊的長方形母岩；這是那些修道士住處的古老痕跡，甚至比阿納薩齊人在台維斯峽谷活動的遺跡還早數百年。

這些修道士早在西元五、六世紀就由愛爾蘭揚帆而來此地。他們乘著輕柳條骨架上撐開牛皮、名叫克勒克（curragh）的小艇，越過了全世界最艱險的海洋之一，卻不知道自己就算能安全渡海，又能在海的那端找到什麼。

這些修道士冒著生命的危險——的確也有許多人喪生，他們追求的不是財富或個人的榮耀，也不是為任何暴君去開拓新土地。一如諾貝爾獎得主、偉大的北極探險家弗瑞德約夫・南森（Fridtjof Nansen）所指出的：「這些特別的航程，主要是為了找尋杳無人煙的地方，好讓這些隱士能夠寧靜居住，不受世俗紛爭、誘惑的煩擾。」西元九世紀，第一批為數不多的挪威人出現在冰島海岸上時，這些修道士覺得這個地方太擁擠了——雖然它依然人煙稀少，但修道士還是爬上小船，划往格陵蘭。他們被暴風雨的海面吸引，向西駛過已知世界的邊緣，只為了精神上的飢渴，這種渴望濃烈得教現代人無法想像。

讀過這些修道士的故事，讓人不由得被他們的勇氣、他們不顧一切的天真，以及他們迫切的渴望所感動。讀過這些修道士的故事，也教人不由得想起艾佛芮特和克里斯。

第10章

死亡消息

一名在荒野中瀕死的徒步旅人，記錄了他面臨恐懼的心路歷程

【美聯社安克拉治九月十二日電】上週日，一名因傷動彈不得的徒步旅行青年，在阿拉斯加內地被人發現已經死亡。截至目前爲止沒有人知道他的身分，但在營地發現的日記和兩張留言，記錄了他臨死一搏但卻徒勞無功的求生過程。

由日記內容來看，這名男子應是美國人，年齡在二十多歲到三十出頭，可能因爲摔倒受傷，不得不在營地停留三個多月。日記中敘述了他如何獵捕鳥獸以及食用野生植物維生，然而體力還是日漸衰弱。

他的兩張留言中，一張是他到附近搜尋食物時，寫給任何可能經過營地者的求救信；另一張則是向世人道別的信……

本週在費爾班克斯驗屍官辦公室的驗屍結果顯示，此人死於飢餓，死亡時間可能是七月底。有關單位在他的所有物中，發現一個可能屬於他的名字，但到目前爲止他們還無法證實他的身分，同時，在辨識出他的身分之前，他們也拒絕公布他的名字。

——《紐約時報》，一九九二年九月十三日

《紐約時報》刊出這名旅人的相關報導時，阿拉斯加州警已經花了一週的時間，試著找出他的身分。克里斯死時，穿著一件藍色長袖棉線衫，上面印著聖塔巴巴拉一家拖車公司的商標；但經聯絡，這家救援公司卻表示對此人一無所知，也不知道為何他有這件線衫。在和屍體一起發現、簡短而教人迷惑的日記中，許多內容都是對動植物的觀察，因此警方揣測克里斯是田野生物學者，但這方面的調查也沒有絲毫結果。

九月十日，亦即旅人死亡消息刊登在《紐約時報》的前三天，《安克拉治日報》便以頭版刊載了這則報導。吉姆·加利恩看到頭條新聞和相關地圖，顯示死者在希利西方二十五哩的史坦必德小徑被發現時，他覺得汗毛直豎。「亞歷克斯！」加利恩心裡依然有著這個青年的影子，這個奇怪而友善的人，穿著大兩號的靴子走下小徑——那是加利恩的靴子，是他說服這孩子收下的棕色舊靴子。「報上的文章雖然資料很少，但聽起來很像同一個人，」加利恩說：「所以我打電話給州警說：『我想我曾載過這個人一程。』」

接電話的警官羅傑·艾利斯（Roger Ellis）答道：「當然啦，你為什麼會這樣想？一個鐘頭以來，你是第六個打電話來說認識這名旅人的人。」但加利恩並不放棄，他說得愈多，艾利斯的懷疑就逐漸消失。他描述了幾個報上沒刊登，但卻正是在遺體旁找到的裝備，而且艾利斯也注意到旅人日記中神祕的第一條寫著：「出費爾班克斯。坐加利恩。兔子日。」

州警此時已經沖洗出旅人美樂達相機內的底片，其中包括幾張顯然是旅人自己的相片。加利恩說：「他們把照片帶到我工作的地方來，一點也沒錯，照片上就是亞歷克斯。」

克里斯曾告訴加利恩他來自南達科他州，州警立刻把焦點移到當地，找尋他的親友。他們從尋人通報上發現了一個來自南達科他州，距離迦太基韋恩家只有二十哩小鎮的失蹤人口，正好也姓麥克肯多斯，因此州警一度以為他們找到了正確的目標，不過後來發現這是個誤會。

韋恩自從春天收到朋友亞歷克斯由費爾班克斯寄來的明信片後，再也沒有接到任何訊息。九月十三日，結束了在蒙大拿州四個月的收割工作，韋恩帶著夥計正在回家的路上。經過北達科他州詹姆斯城時，他的無線電響了起來：「韋恩！」一個焦慮的聲音由夥伴貨車上的無線電傳來：「我是包柏，你的收音機開著嗎？」

「是的，包柏，我是韋恩，什麼事？」

「趕快——打開收音機，聽保羅．哈維（Paul Harvey）的節目，他正在講有個孩子餓死在阿拉斯加的事。警方查不出他的身分，聽起來很像亞歷克斯。」

韋恩轉開頻道，只來得及聽到哈維廣播的結尾，但他不得不承認：由概略的細節聽起來，很不幸地，這個無名旅人實在很像他的朋友。

沮喪的韋恩一回到迦太基，便打電話給阿拉斯加州警，想提供關於克里斯的事。然而，那時全美各大報都已經刊登了這名旅人的故事，包括他日記的節錄，州警已經接到太多電話，而且每個打電話來的人都表示他們知道死者的身分，因此他們對韋恩的反應比之前對加利恩還要冷淡。「警察告訴我，他們已經接到一百五十餘通電話，每個人都說亞歷克斯是他的孩子、朋友或兄弟。」韋恩說：「他們敷衍我，我很光火，因此我告訴他：『我可不是隨便打來胡說八道的，我知道他是誰。他幫我工作過，我甚至有他的社會安全保險號碼，只是要找一下。』」

韋恩在穀倉裡翻遍檔案，最後找到兩張克里斯填的W－4表格。第一張的日期是一九九〇年克里斯首次前來迦太基時，他在上面亂塗「免稅免稅免稅免稅」，名字是「艾瑞斯・去×的」，地址「干你什麼事」，社會安全保險號碼「我忘了」。但在第二張表格上，日期是一九九二年三月三十日，在他出發前往阿拉斯加的前兩週，他簽下了自己的姓名：「克里斯・J・麥克肯多斯」，在社會安全保險號碼欄上，他填著「228-31-6704」。韋恩再打電話到阿拉斯加，這一次州警可把他當一回事了。

青天霹靂

社會安全保險號碼經查證後證實是真的，克里斯的永久住址在維吉尼亞州北部。阿拉斯加州當局和當地執法單位聯繫，透過電話號碼尋找克里斯家人。華特和比莉當時已經遷到馬里蘭州海邊，不再使用維吉尼亞州的電話號碼，但華特第一次婚姻的長子山姆・麥克肯多斯（Sam McCandless）住在安納岱爾，因此名字登錄在電話簿上。九月十七日下午，山姆接到由費爾法克斯郡重案組探員打來的電話。

山姆比克里斯大九歲。幾天前他才在《華盛頓郵報》上讀到關於這名旅人的短文，但他承認：「我一點也沒有想到這名旅人竟會是克里斯。完全沒有料到。這太諷刺了，因為我讀到這篇文章時還在想：『哎呀，老天爺，真是可怕的悲劇，我真為這人的家屬難過。真是個悲哀的故事。』」

山姆在加州和科羅拉多州由母親撫養長大，直到一九八七年才遷到維吉尼亞，當時克里斯已經離家去亞特蘭大上大學了，因此山姆和他同父異母的弟弟並不很熟。但當探員打電話來詢問這名旅人是否像他認識的人時，他回答說：「我很確定就是克里斯。他去了阿拉斯加，他獨自動身——這令我更加確信他就是克里斯。」

山姆應探員要求前往警局，一名警官拿出由費爾班克斯傳真來的旅人照片。山姆回憶道：「那是八乘十的放大照片，大頭照，克里斯的頭髮長了，還留了鬍子。他以前總是留短髮，鬍子刮得乾乾淨淨的。照片中的臉很憔悴，但我還是一眼就認了出來，沒錯，那正是克里斯。我回家接了我太太蜜雪兒，開車到馬里蘭州通知爸爸和比莉。我不知道該怎麼開口。你要怎麼告訴別人，他們的孩子死了？」

第11章

少年克里斯

一切都突然改變了——風氣、道德趨勢；
你不知道該想什麼，該相信誰。
就好比你一直都像個小寶寶，
一直有大人呵護指引，如今卻得自己上路，
身邊沒有任何人，沒有家人或你尊重的人的意見。
此時，你覺得必須把自己託付給某個絕對的事物——
生命、眞理或美；
在人爲的法則遭到遺棄之後，由它統馭你。
比起過去熟悉而平靜、但如今已破壞殆盡且永遠消失的生活行徑，
你必須更完整、更無保留地屈從於這樣的最高目的。

——**巴斯特納克，《齊瓦哥醫生》；克里斯遺體附近發現的書本劃線段落；**
這段話的上面空白處，有克里斯手寫的「目的的需要」字跡

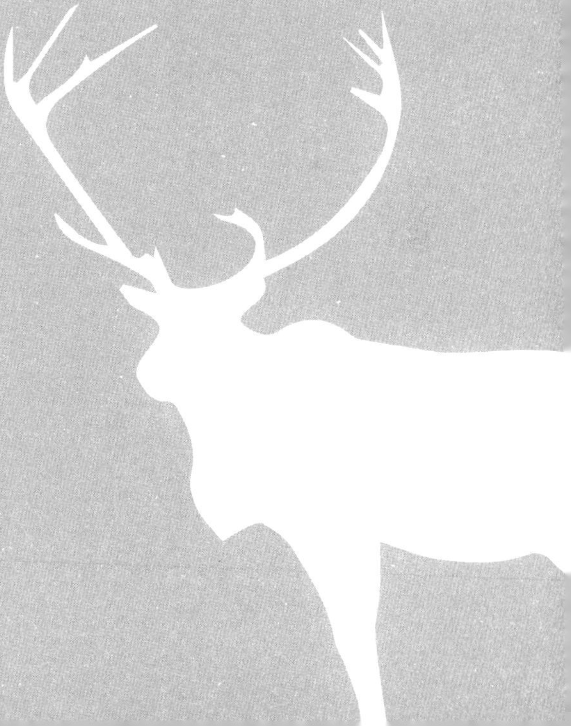

小山繆．華特．麥克肯多斯（Samuel Walter McCandless Jr.），五十六歲，是個留著鬍子、沉默寡言的人，花白的長髮直直地向後梳，露出高高的額頭。他的身材挺拔，結實勻稱，戴著寬邊眼鏡，流露出專業的架勢。七週以前，他兒子的屍體在阿拉斯加被人發現包裹在藍色的睡袋裡，那是比莉為克里斯親手縫製的睡袋。華特從濱水的屋內凝神望著窗外疾馳的帆船，一邊茫然地注視著奇沙比克灣，一邊自語：「怎麼可能？一個這麼有同情心的孩子，卻讓他的父母這麼痛苦？」

麥克肯多斯一家在馬里蘭州奇沙比克灣的房子裝潢高雅，屋內一塵不染，井井有條，落地窗把海灣內朦朧的景象盡納眼底。屋外停著一部雪佛蘭大型車和一部白色凱迪拉克，車庫裡放著精心保養的六九年克爾維特，船塢裡則停著一艘三十呎長的雙船身遊艇。這些日子以來，餐桌上一直放著四大塊正方形的海報告示板，上面放滿了記錄著克里斯短短一生的許多照片。

比莉小心翼翼地繞著這些照片，指出克里斯蹣跚學步時騎著木馬、八歲第一次遠足時開心地穿著黃色的雨衣、高中畢業典禮……。華特看著兒子和家人一起度假時嬉鬧的照片，聲音微微地沙啞了：「最教人難以忍受的，是他再也不在我們身邊了。我花了許多時間和克里斯在一起，也許比我和其他孩子相處的時間都多。我真的喜歡陪他，雖然他經常教我們失望。」

華特穿著灰色的運動褲、網球鞋，以及繡有噴射實驗室標誌的絲質棒球外套。雖然他穿著隨和，卻流露出權威的神態。在所屬的奧祕領域——「合成孔徑雷達」（SAR）中，他可是赫赫有名。自一九七八年第一個載有SAR的人造衛星——海洋資源探測衛星發射上地球軌道以來，SAR一直是高水準太空任務的必要設備，而太空總署負責海洋資源探測衛星發射任務的主管，就是華特。

華特的履歷表第一行寫著：「獲准調閱機密資料：現有美國國防部最高機密。」接下來幾行則說明了他的專業經歷：「提供遙控感測器和衛星系統設計的私人諮詢服務，負責訊息處理、資料篩選，以及資訊萃取的任務。」同事們都說他精明幹練。

發號施令、掌握控制權是華特不自覺的習慣。雖然他以美國西部不疾不徐的口音柔聲說話，但他的聲音卻鋒利如刃，下顎的姿勢也流露出潛伏的充沛精力，即使在房間另一頭，都可以感受到由他身上散發出來的極高電力。克里斯的熱情來自何處，也就不難得知。

華特一開口，旁人只有聆聽的分兒。如果有什麼人或什麼拂逆了他的意思，他的眼睛就瞇了起來，言語也變得簡短。家人說他的情緒沉鬱難測，雖然近年來他有名的反覆無常已好多了。一九九〇年克里斯刻意避開人群之後，華特變了不少。兒子的失蹤使他感到惶恐，飽受折磨，也使他的個性顯出較緩和、較容忍的一面。

華特在科羅拉多州葛林利市長大，那是懷俄明州界附近強風橫掃的高原上一個農業城鎮。他坦承自己來自貧民區；但因天資聰穎，又奮發向上，於是獲得了附近柯林斯堡科羅拉多州立大學的獎學金。為了生計，他在大學時打了各種各樣的零工，甚至到停屍間工作，但其中最穩定的收入是加入由查理·諾弗克（Charlie Novak）率領，在當地很受歡迎的爵士四人樂團擔任鋼琴手，在弗朗特山附近煙霧繚繞的酒吧裡彈奏舞曲和老歌。華特極有音樂的天賦，迄今偶爾還會做具職業水準的演出。

一九五七年，蘇聯發射了史普尼克一號衛星（Sputnik I），全美籠罩在恐懼的陰影下。在全國持續的歇斯底里恐慌中，國會把數千萬美元的經費投入加州的航空業，使得航空業空前繁榮。當時年輕的華特剛步出校門、結了婚，寶寶也即將誕生，史普尼克號正好為他開啟了機會之門。他一取得大學學位，就接受了休斯飛機公司的工作，到土桑工作三年，同時取得亞利桑納大學天線理論碩士學位。論文「圓錐螺旋分析」（An Analysis of Conical Helices）完成後，他就轉往休斯公司加州分公司任職。大單位才是真正衝刺的地方，他希望能夠在太空競賽中，留下自己的足跡。

他在托倫斯市買了一間平房，同時，由於工作努力，也很快就獲得升遷。一九五九年長子山姆出生，接下來史代西（Stacy）、夏瓦納（Shawna）、雪利（Shelly）、山儂（Shunnon）相繼出生。隨後華特被任命為「探測者一號」（Surveyor 1）的測試主任和部門主管。探測者一號是第一艘緩緩降落在月球的太空船，華特的前途看好。

然而到了一九六五年，華特的婚姻卻出了問題。他和妻子瑪夏（Marcia）分居，開始和休斯公司一名叫作威荷蜜娜．強森（Wilhelmina Johnson）的祕書約會，別名「比莉」的她只有二十二歲，有一雙動人的黑眼睛。他倆墜入情網，隨即同居。比莉剛懷孕時其實看不太出來，一直到懷孕九個月，體重只多了八磅，根本不用穿孕婦裝。一九六八年二月十二日，比莉生了個兒子，他雖不足重，卻健康活潑。華特為比莉買了一把吉亞尼尼吉他，讓她輕撫琴弦，彈奏催眠曲來撫慰煩躁的新生寶寶。二十二年後，國家公園處的巡邏員在密得湖畔被棄的黃色達特桑後座找到的，就是這把吉他。

童年時期

很難了解究竟染色體怎麼組合、親子之間的關係怎麼形成，以及宇宙之間怎麼搭配，克里斯有不尋常的天賦和不輕易動搖的意志。兩歲的時候，他半夜醒來，沒有驚醒父母，自己找路進入街底的鄰居家中，搜刮人家的糖果櫃。

三年級時，克里斯在成果測驗中表現優異，獲選進入資優班。比莉記得：「他一點也不開心，因為這表示他得做更多功課，所以他花了一週想讓自己除名。這個小男孩試著說服老師、校長和任何願意聽他說話的人，他告訴他們測驗成績有誤，因此他不該被列在資優計畫裡。我們在第一次家長會時才聽說這件事，老師把我們拉到一邊，告訴我們：『克里斯有他自己的步調。』她邊說邊搖頭。」

比克里斯小三歲的卡琳說：「甚至在我們很小的時候，他就很能自得其樂。他不是不合群，他總是有很多朋友，大家都喜歡他，但他可以獨自玩耍數個小時，不需要玩具或朋友。他可以獨自一人而不會寂寞。」

克里斯六歲時，華特接受了太空總署的職務，因此他們遷到華府去。他們在安納岱爾市郊威利特街買了一間樓中樓，有綠色的百葉窗簾、向外推出的觀景窗，還有一個漂亮的庭院。四年後，華特辭去太空總署的職務，在家和比莉自創顧問公司——使用者系統公司。

他倆手頭很緊，除了放棄安穩的收入，追求創業的夢想，因而造成財務拮据外，華特和第一任太太離婚，也使他得負擔兩個家庭的生計。卡琳說，為了追求成功：「爸爸媽媽工作時間很長。早上克里斯和我起床上學時，他們已經在辦公室；下午我們放學回家時，他們還在辦公室；到了晚上我們要上床睡覺時，他們依然在辦公室。他們倆合作無間，終於開始賺錢，但他們總是在工作。」

生活的壓力很大。華特和比莉都繃緊神經、情緒不穩，且彼此不肯讓步。偶爾壓力會引爆言語衝突，而在氣頭上，總會有人威脅要離婚。卡琳說，雖然父母雙方只是虛張聲勢，但「我覺得這也是克里斯和我這麼親密的原因之一。我們在爸媽不睦的時候，學會互相倚賴」。

但生活中還是有愉快的時光。週末或放假時，全家人會一起出遊，他們開車前往維吉尼亞海灘和卡羅萊納海濱；到科羅拉多去探望華特前一次婚姻的孩子；到五大湖區；到藍嶺。華特說：「我們在雪佛蘭大車後車廂露營，後來我們又買了一輛拖車，旅行時就開這輛拖車。克里斯愛這些旅行，旅程愈長愈好。這個家族有一點流浪癖，很明顯的克里斯也遺傳了這個癖好。」

在這家人的旅程中，他們常造訪密西根州的鐵山，這是位於半島森林中的一個小採礦城，也是比莉孩提時代的家。比莉家中共有六個孩子，父親羅倫·強森（Loren Johnson）名義上是卡車司機，但據她說：「他從來沒有一份工作能做很久。」

「比莉的父親和社會有點格格不入，」華特解釋說：「在很多方面，他和克里斯很像。」

羅倫是個高傲、頑固而不切實際的樵夫，也是無師自通的音樂家和詩人。在鐵山，他和森林中生物的和諧關係名聞遐邇，比莉說：「他總是在養野生動物，他發現落入陷阱的動物，就會把牠帶回家，截斷受傷的肢體，治療痊癒之後再放牠自由。有一次我父親的卡車壓到了一隻母鹿，小鹿成了孤兒，他難過極了，於是把小鹿帶回家養在屋內，好像牠也是他的孩子。」

羅倫為了養家，曾嘗試許多營生，但沒有一次成功。他曾經養了一陣子雞，後來又養貂和栗鼠。此外，他還設了一個馬廄，讓遊客租乘馬匹。雖然他很討厭殺生，但他帶回來的食物卻大半是打獵而來的。比莉說：「我父親每次射殺鹿後都忍不住會哭，但我們嗷嗷待哺，所以他不得不這麼做。」

讓他更痛苦的是，他還擔任打獵嚮導：「城裡人開著他們的凱迪拉克大轎車來，我父親帶他們到他打獵的地方去狩獵，向他們保證一定有所收穫，但大部分的城裡人射擊技術很差，又醉醺醺的，什麼都打不到，我父親只好為他們開槍。老天，他真的痛恨這樣做。」

羅倫喜愛克里斯是意料中的事，而克里斯也崇拜他外祖父。這位老人質樸的見解、與大自然的關係，都教克里斯印象深刻。

克里斯八歲時，華特帶他做第一次外宿的遠足，到維吉尼亞州西北部雪南多去爬老抹布山，他們一共費了三天才爬上山頂，而且克里斯一路上都自己背背包。爬山成為父子的習慣，此後他們幾乎每年都爬老抹布山。

克里斯再大一點的時候，華特和比莉帶著兩次婚姻所有的孩子去爬科羅拉多的朗斯峰，山高一四二五六呎，是洛磯山國家公園最高峰。華特、克里斯，和華特前次婚姻最小的兒子爬上一萬三千呎的高度時，在一條名叫「鑰匙孔」的谷道上，華特決定回頭。當時他已經感到疲憊，而且覺得海拔太高了，再上去的路看起來不但潮濕、缺乏掩蔽，而且危險。華特解釋：「我覺得夠了，但克里斯還想要爬到山頂，我告訴他不行。那時他只有十二歲，因此只能埋怨。如果當時他十四或十五歲，就會不管我，自己上去了。」

華特安靜下來，茫然地看著遠處。沉默了一陣子之後，他說：「克里斯從小就毫不畏懼，他從來不覺得意外會發生在他身上，我們總是得努力把他從危險邊緣拉回來。」

不論什麼事情，只要引起克里斯的興趣，他總是盡力去做。在學業上，他毫不費力就帶回全A的成績單，只有一次他得到B以下的成績：高中物理得了F。華特看到成績單後，和物理老師約了時間見面，想了解問題在哪裡。華特記得：「那物理老師是個老先生，退休的空軍上校，很傳統，也很嚴格。他在學期開始時就說過，他有兩百多個學生，因此實驗報告得要依特定的格式來寫，才好打成績。克里斯覺得這種規則可笑無稽，不予理會。他做了實驗報告，但格式不對，老師就給他不及格。我和老師談過之後，回家告訴克里斯他得了該得的分數。」

克里斯和卡琳都遺傳了華特的音樂天分。克里斯學吉他、鋼琴和法國號。華特說：「他這種年紀的孩子會喜歡湯尼．班奈特實在很奇怪，他會隨著我的鋼琴伴奏唱〈夜未央〉這類的歌曲，歌聲還不錯。」的確，在他大學時代拍的一卷可笑的錄影帶中，可以聽到他令人印象深刻地高唱或像酒吧裡的職業歌手般哼唱〈夏日海濱／卡布里風情〉。

克里斯是很有天賦的法國號手，少年時代就入選美國大學交響樂團，但他後來退出了。華特說，因為克里斯反對一名高中指揮訂的規則；卡琳則說，除此之外，「他退出的部分原因，是他不喜歡讓人呼來喝去，但部分原因也是因為我。我想和克里斯一樣，因此也開始學習法國號，結果這是我唯一表現比他好的項目。我大一、他大四時，我已經在資深樂團中擔任首席，他可不想落在妹妹後面。」

但克里斯和卡琳在音樂方面的競爭，並不影響兩人的情感，他們從小就是最好的朋友，經常在安納岱爾家中的客廳打枕頭仗。卡琳說：「他真的一直對我很好，總是護著我，過馬路時，他總牽著我的手。他上中學而我還在上小學的時候，他比我早出門，但放學時他總是待在朋友家裡，等我一起走路回家。」

克里斯繼承了比莉天使般的容顏，尤其是遺傳自她的眼睛，深邃的黑眼睛流露出所有的情感。雖然身材矮小——在學校的團體照中，他總是站在第一排，是班上最矮小的孩子，但他體格強健，動作協調。他嘗試許多運動，不過都沒有耐心學小技巧。他們全家到科羅拉多州度假滑雪時，他懶得轉彎，採取猩猩似的姿勢，張開雙腳保持穩定，直接滑下山坡。同樣的，華特說：「我想要教他打高爾夫，他卻不肯相信姿勢重於一切。他每次揮桿，總能打出你前所未見的大弧度。有時他可以打到三百碼外，但更多時候總把球打到下一個球道。」

華特繼續說：「克里斯天分很高，但如果你想要訓練他，改善他的技巧，讓他表現得更完美，就會踢到鐵板。他反抗任何形式的指導。我網球打得不錯，克里斯十一歲時，我就教他打網球，到了十五、六歲時，他就經常贏我。他反應很快，充滿活力，但要是我建議他改正缺失，他總不理會。有一次比賽，他碰到一個四十五歲的對手，那人經驗豐富。起先克里斯占了不少優勢，但對手十分技巧地測試他，尋找他的弱點，等他看出克里斯最招架不住的打法並猛攻時，球局也就結束了。」

手段、策略、任何超越基本技巧的事，克里斯都不屑一顧。他面對挑戰的唯一做法，就是立即運用他無比的精力迎頭向前，但也因此經常遭到挫折。直到開始跑步——這種憑藉毅力和決心、而非依恃技巧和謀略的活動，他才找到真正適合他的運動。十歲時他參加了第一個賽跑項目，長十公里的道路賽跑中，他跑了第六十九名，還贏過一千多個成人，此後他就著了迷。到了少年時期，他已是當地頂尖的長跑選手。

克里斯十二歲時，華特和比莉為卡琳買了一隻小狗，是隻喜樂蒂牧羊犬，名叫布克里。克里斯養成了每天帶牠一起賽跑的習慣。卡琳說：「布克里本來是我的狗，但牠卻和克里斯形影不離，布克里跑得很快，每次都跑贏克里斯先抵達家門。

我記得克里斯第一次比布克里先回到家時，興奮得在屋裡四處跑，直喊：『我贏了布克里！我贏了布克里！』」

伍德森高中是維吉尼亞州費爾法克斯郡的一間大型公立學校，以高水準的學術表現和戰無不克的運動隊伍馳名。克里斯是這個學校越野賽跑隊的隊長，他喜歡這個角色，也設計了一些令人筋疲力竭的魔鬼訓練法，隊友到今天還記憶猶新。

當時年紀較小的選手戈迪．庫克魯（Gordy Cucullu）說：「他真的拚命督促自己。他發明了一種名叫『道路勇士』的練習法，帶領我們跑很長的距離，穿過農田、建築工地這些原本不該去的地方，故意讓我們迷路。我們必須盡量跑得又快又遠，跑過陌生的道路，穿越森林等等。他的想法是要我們搞不清方向，強迫我們到不認識的地方，然後會先以稍慢的速度繼續跑，直到發現自己認識的路，再全力跑回家。從某方面來看，其實克里斯的一生就像這樣。」

克里斯把賽跑視為非常崇高的運動，幾乎近於宗教。他的另一個隊友艾瑞克．海沙威（Eric Hathaway）說：「克里斯會從精神層面來激勵我們，他要我們想想世界上所有的罪惡，所有的仇恨，然後要我們想像自己是和黑暗的力量，和想要阻礙我們跑出最佳成績的邪惡之牆賽跑。他相信只要有心，就能創造佳績，精力充沛只是次要條件。我們當時是易受感動的高中生，因此深受這種言論的影響。」

早熟的心智

但是賽跑不只是心靈的運動，也是充滿競爭的活動。克里斯賽跑是為了要贏。女隊友克莉絲．瑪可西．吉爾摩（Kris Maxie Gillmer）可能是克里斯在伍德森高中最親密的朋友，她表示：「克里斯對賽跑很認真。我還記得站在終點線看他跑時，看得出來他多麼想好好跑，也知道如果他跑得不如自己期望時會多麼失望。如果賽跑成績不理想，甚至練習時表現不如意，他會嚴厲地責備自己，然後拒絕談論此事，如果我想要安慰他，他也會生氣而不理會我。他把挫折放在心裡，一個人避開到別處去，痛打自己一頓。」

克莉絲說：「克里斯認真的不只是賽跑，什麼事情他都這樣。高中生不該憂國憂民，但他卻如此，我也是。這也是我們很談得來的原因。我們在點心時間逗留在他的櫃子前談論人生、世界大事等嚴肅的話題。我是黑人，我永遠不能了解為什麼有人這麼重視種族觀念，而克里斯會和我討論這些問題，他能理解。他總是以同樣的方式質疑事情。我很喜歡他，他真是個好人。」

克里斯對於人生的不公非常在意。他在伍德森高中三年級時，對南非的種族壓迫非常關心，曾認真地和朋友談到要走私武器到南非或去那裡參戰，以結束種族分離制度。艾瑞克說：「我們偶爾也會爭論這個，克里斯不願循正常途徑，不願受限於體制，更不願靜待時機，他總說：『算了吧，艾瑞克，我們可以自己籌錢去南非，就是現在。這只是決定與否的問題。』而我會反駁說，我們只是幾個毛頭小子，不可能改造世界。但你不能和他爭議，他會回嘴說：『哦，原來你根本不在乎是與非。』」

週末時分，克里斯的朋友忙著參加啤酒宴會，打算偷溜進喬治城酒吧之際，他卻在華盛頓的貧窮地區漫步，和妓女或遊民談話，請他們吃飯，誠心地提供他們改進生活的方法。

「克里斯不明白怎麼能讓人挨餓，尤其是在這個國家，他會為這樣的事咆哮數小時。」比莉說。

有一次，克里斯在華府街上認識一名遊民，把他帶回環境優美而富裕的安納岱爾，偷偷把他安頓在父母停在車庫旁的拖車裡；華特和比莉一直都不知道他們曾經招待過流浪漢。

有一次，克里斯開車去艾瑞克家，找他一起去市中心。艾瑞克記得他當時想：「夠酷！」他說：「那天是星期五晚上，我以為我們要到喬治城狂歡，但克里斯卻把車停在十四街，當時這是個不好的地區。他說：『艾瑞克，你可以從書報上讀到這些事，但除非你實際參與，否則你永遠不會真的了解。今晚我們就這麼做。』我們在這個令人害怕的地方待了幾個小時，和皮條客、應召女郎及粗鄙的人談話，我簡直嚇壞了。」

「最後，克里斯問我有多少錢，我說五元，他有十元，他告訴我：『好，你付油錢，我去買點吃的。』他花了十元買了一大袋漢堡，我們開車四處繞，把漢堡發給睡在公園椅子上、身上發出臭味的人。那是我一生中最詭異的星期五，但克里斯卻經常做這樣的事。」

克里斯升上高三後不久，就告訴父母他不想上大學。華特和比莉告訴他，有了大學學位，才能有令人滿意的事業，克里斯卻說職業是二十世紀令人不齒的產物，是負債而非資產，沒有工作他也不在意，不需他們費心。

華特承認：「這使我們感到焦慮。比莉和我都出身藍領階級的家庭，大學文憑對我們而言可不是小事，而且我們努力工作，為的就是有能力送孩子上好學校，因此比莉要他坐下，告訴他：『克里斯，如果你真想改變世界，如果你真想協助不幸的人，那麼你自己就得先有一些力量。上了大學，取得法學學位，你才能真的有影響力。』」

艾瑞克說：「克里斯的功課好，不惹麻煩，他自動自發，做該做的事，他的父母實在沒有什麼好抱怨的。但他們卻對他上大學的事很在乎，不論當時他們向他說了些什麼，畢竟發生了作用，因為最後他還是去了艾默瑞大學，雖然他覺得這毫無意義，只是浪費時間和金錢。」

令人驚訝的是，克里斯雖然很多事都不聽華特和比莉的，卻屈服在他們的壓力下，上了大學。不過他們之間依然時起衝突。克里斯去找克莉絲時，經常奚落華特和比莉，把他們描述成不可理喻的暴君。但他和男性夥伴——艾瑞克、戈迪和另一名田徑明星安迪．霍洛維茲（Andy Horowitz）在一起時，卻很少抱怨。艾瑞克說：「我的印象是，他父母是很好的人，和我父母或任何人的父母沒什麼兩樣。克里斯只是不喜歡受人支使。我想他和任何父母都處不來，『父母』這個觀念對他來說是個困擾。」

克里斯的個性複雜而矛盾。他非常孤僻，但有時也極端友善合群；他雖然道德感強烈，卻不是個沉默嚴肅、反對享樂的行善者；相反的，他喜歡偶爾喝杯酒，也有無可救藥的表演欲。

也許最大的矛盾在於他的金錢觀。華特和比莉年輕時都嘗過貧窮的滋味，經過奮鬥克服貧窮後，他們認為享受自己辛苦的果實是理所當然的。比莉強調：「我們非常、非常努力工作，孩子們小的時候，我們白手起家，把賺來的一點一滴都存起來，並為未來做投資。」期望中的未來終於來臨時，他們並沒有炫耀他們小小的財富，但還是買了些好衣服，為比莉買了些珠寶，還買了一輛凱迪拉克。然後，他們又買了海灣旁的房子和帆船，帶孩子去歐洲、去布里肯山滑雪、去加勒比海航行。

比莉坦承，克里斯「對這一切都覺得難為情」。

她兒子，這名少年托爾斯泰，相信財富是可恥的、腐化人心的、本質邪惡的。諷刺的是，克里斯天生就是個資本主義者，賺錢很有一套。比莉笑著說：「克里斯是個企業家，一向如此。」

八歲時，他在安納岱爾的家後面種菜，然後挨家挨戶出售。卡琳說：「一個可愛的小男孩拉了一車新鮮豆子、番茄和青椒，誰能拒絕？克里斯知道這點，他臉上帶著『我很聰明可愛吧！要不要買點豆子？』的神情，等他回家時，板車上的東西賣光了，手上拿了一大筆錢。」

克里斯十二歲時，印了一疊傳單，在家設立了「克里斯快印」影印服務，免費收送。他用華特和比莉辦公室的影印機，每張文件付父母幾分錢，向鄰居顧客收取比街角影印店便宜兩分的價格，賺點小利。

一九八五年，克里斯在伍德森念完高一，當地建築商雇用他到附近招攬裝潢和廚房重新裝修等生意。他很成功，業績突出。幾個月之內，就有五、六個學生為他工作，幫他賺進七千美元，他用其中一部分錢買了那輛黃色的二手達特桑 B210。

克里斯的銷售技巧很好。一九八六年春天，克里斯高中畢業前，建築公司老闆打電話給華特，表示只要華特說服他兒子留在安納岱爾，不要辭職去上艾默瑞大學，他願意支付克里斯的大學學費。

華特說：「我向克里斯提這件事時，他完全不予考慮，他告訴老闆他另有計畫。」高中課程一結束，克里斯宣布他那個夏天要駕著新買的車橫跨美國。沒有人想到，這次旅程是一系列橫跨北美冒險旅程的開始，他的家人也沒料到，在這次旅程中的偶然發現，竟會讓他更封閉，和家人的距離更遠，使他和愛他的人陷入憤怒、誤會和悲傷的深淵。

第12章

媽媽，救我！

與其給我愛、給我利、給我名，
我寧願選擇眞理。
坐在滿是佳餚美酒的桌前，
滿座逢迎諂媚的人，
卻見不到誠懇和眞理，
於是我餓著肚子離開冷淡的餐桌，
他們待客的態度冷淡如冰。

—— **梭羅，《湖濱散記》；克里斯遺體附近發現的書本劃線段落；**
頁首有克里斯親筆以大寫字體所寫的「真理」一詞

孩子們天眞無罪，因此熱愛公理，
而我們大多數是邪惡的，自然喜愛寬容。

—— **切斯特頓（G. K. Chesterton）**

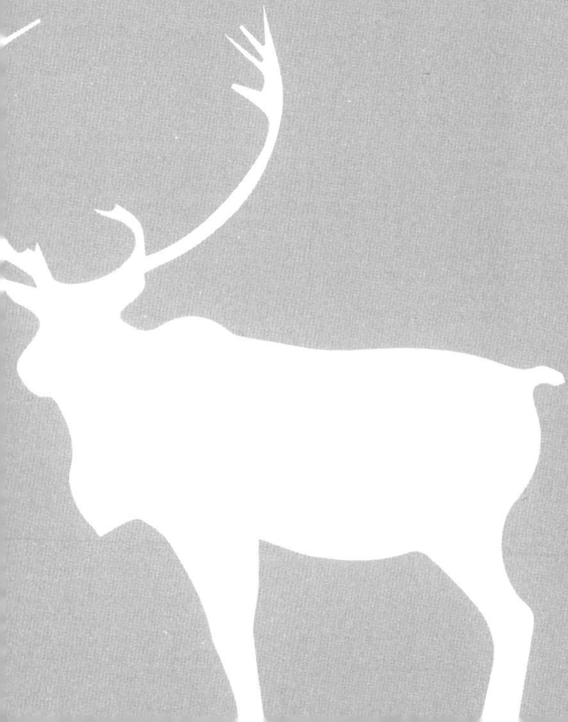

一九八六年，一個酷熱的春天週末，克里斯由伍德森高中畢業了，華特和比莉為他辦了一場慶祝會。華特的生日是六月十日，就在幾天後，因此在慶祝會上，克里斯送了一樣禮物給華特——一架非常昂貴的奎斯達（Questar）牌望遠鏡。

卡琳說：「我記得他把望遠鏡送給爸爸時，我也坐在那裡。克里斯那天晚上喝了幾杯酒，變得非常情緒化，幾乎哭了起來。他抑住眼淚，告訴爸爸，雖然他們多年來意見分歧，但他還是很感謝父親為他做的一切。克里斯表達了他多麼敬佩父親白手起家，半工半讀到大學畢業，盡力撫養八個孩子。那是一場動人的演說，所有在場的人都哽咽無語。後來，他就上路旅行了。」

首次遠行

華特和比莉並沒有阻止克里斯，不過他們說服他帶著華特的信用卡，以防萬一，而且也要克里斯答應每三天打電話回家報平安。華特說：「他出門的時候，我們總是提心吊膽，但我們無法阻止他。」

離開維吉尼亞之後，克里斯向南行駛，接著又向西越過德州平原，穿過酷熱的新墨西哥和亞利桑納，抵達太平洋岸。起先他遵守對父母的承諾，按時打電話回家，但隨著夏天慢慢過去，電話愈來愈少，一直到艾默瑞大學秋季班開學前兩天，他才回到家。他走進家門，滿臉鬍子，長髮糾結在一起，已經夠瘦的身體又少了三十磅。

卡琳說：「我一聽說他回家，就跑到他房間和他說話，但他已經上床睡覺了。他好瘦，看起來好像畫中釘在十字架上的耶穌。媽媽看到他瘦了這麼多，簡直承受不住。她開始不停地煮東西，想要讓他再長出一點肉來。」

原來在旅程最後，克里斯在木哈未沙漠迷路，幾乎脫水而死。他父母聽說這次意外，非常擔心，但卻不知如何告誡克里斯將來要小心一點。華特回想道：「克里斯一向都很順利，這使他過度自信，如果你想勸他不要做什麼事，他不會和你爭辯，只是禮貌地點頭，然後依然按自己的意思去做。」

「因此一開始我一點也不提與安全有關的問題。我和克里斯打網球，談別的事情，最後才坐下和他討論他所冒的危險。我那時已經知道直截了當的方法——『老天，你最好別再那樣做了！』對克里斯沒有用，因此我試著向他解釋，我們並不反對他的旅行；只是希望他更小心一點，而且要和我們保持聯絡。」

不過叫華特失望的是，克里斯不能體諒父親的忠告，他發了脾氣。而這段忠告唯一產生的效果，就是他更不願把他的計畫說出來。

比莉說：「克里斯認為我們還為他擔心，簡直是蠢透了。」

那趟旅程中，克里斯獲得了一把大刀和點三〇—〇六的來福槍；華特和比莉開車送他到亞特蘭大註冊時，他堅持要帶這兩樣東西。華特笑著說：「我們和克里斯一起走進他的宿舍房間時，他室友的父母幾乎當場昏厥。他的室友是個來自康乃狄克州的保守男孩，穿著打扮就像典型的大學生，而克里斯一臉蓬亂的鬍子，穿著破舊的衣服，看起來好像傑若米．強森（Jeremiah Johnson，十九世紀西部拓荒名人之一）；除此之外，還帶著一把大刀和獵鹿的來福槍。但你知道嗎？九十天之內，這名保守的學生就退學了，而克里斯卻被列為榮譽學生。」

克里斯的父母親很高興地發現，隨著一學期、一學期地過去，克里斯待在艾默瑞似乎很愉快。他刮了鬍子，剪了頭髮，重新以他高中時代的清爽面貌示人。他的成績幾近完美，也開始為校刊寫稿，甚至熱心地談論畢業後要繼續念法律。克里斯有一次向華特誇口說：「我覺得我的成績可以上哈佛法學院。」

過完新鮮人的那一年暑假，克里斯回到安納岱爾，在父母的公司工作，開發電腦軟體。華特說：「那年夏天他為我們寫的程式完美無瑕，我們到今天還在用，還把它拷貝賣給許多客戶。但當我要克里斯告訴我他怎麼寫這個程式，以及它怎麼運作時，他卻拒絕了，他說：『你只需要知道它有用，不必知道它是怎麼或為什麼做出來的。』克里斯就是這樣，但我還是氣壞了。他很適合當中情局探員，我是說真的，我認識為中情局工作的人；他只告訴我們他認為我們該知道的，其他則閉口不談。克里斯就是這樣。」

克里斯的個性有許多地方讓父母感到迷惑。他可能過分慷慨和關心別人，但他也有偏執、缺乏耐心、一心一意只顧自己等性格的陰暗面，而且這些特色似乎隨著他念大學而更強烈。

艾瑞克回憶道：「克里斯讀完大二時，我在聚會上碰到他。很明顯地他變了，變得非常內向，幾乎可以說是冷漠。我向他說：『嗨，克里斯，真高興看到你。』

他的回答卻是冷冷的：『是啊，每個人都這麼說。』要他吐露心聲很難，他唯一有興趣談的是他的學業。艾默瑞大學的社交生活圍繞在兄弟們和姊妹會打轉，克里斯卻一點興趣也沒有。我想，當一個人開始變得難以接近時，自然會和老朋友遠離，且更在意自己。」

大二升大三之間的暑假，克里斯回到安納岱爾，找了個工作，為達美樂外送披薩。卡琳說：「他不在乎做這個工作不夠酷，他賺了不少錢。我記得他每天晚上回家在餐桌上算帳。不論多麼累，他都要算出自己開了幾哩路、達美樂付了他多少汽油錢、確實的汽油錢究竟是多少、他當晚的淨利，以及當天的利潤和上週同一天比起來如何……等等。他記錄一切，還算給我看，教我怎麼做生意。他對錢的興趣似乎不如他對自己會賺錢這件事的興趣高，這就像一場比賽，而金錢只是記錄成績的方式。」

高中畢業後，克里斯和父母之間的關係變得非比尋常的客氣，但到了這個夏天卻嚴重惡化，華特和比莉都不知道為什麼。比莉說：「他似乎更常對我們生氣，而且也變得更離群索居。不，不該這麼形容，克里斯從來不孤僻。但他不肯告訴我們究竟他心裡在想什麼，反而花更多時間獨處。」

家庭祕密

克里斯鬱積的憤怒，是因為兩年前夏天他所發現的事。在那次橫跨全美的旅行中，他抵達加州，前往他六歲以前所待的瑟袞多地區，造訪許多還住那裡的家庭友人。他向他們提出許多問題，由他們的答案拼湊出他父親上一次婚姻和後來離婚的事實——而這些事他從未聽說。

華特和首任妻子瑪夏的仳離並不乾脆，也非好聚好散。在華特和比莉墜入情網很久以後，甚至在克里斯出生後，華特依然和瑪夏祕密來往，把時間分攤在兩個家庭之中。他說謊被發現，只好又說更多的謊來自圓其說。克里斯出生兩年後，華特還讓瑪夏懷孕，生了另一個兒子昆恩（Quinn）。但華特的兩面生活終究還是曝光，造成了極大的傷害，不論哪一方都深受折磨。

最後，華特、比莉、克里斯和卡琳搬到東岸，華特和瑪夏漫長的離婚過程終於了結，和比莉的婚姻終於也經法律認可。他們努力把過去這些紛擾全都拋諸腦後，繼續過日子。二十年過去了，智慧增長了，罪惡、傷害和嫉妒的憤怒全都成為遙遠的過去；就好像風暴已經停止。然而在一九八六年，克里斯駕車來到瑟袞多，造訪過去的鄰居，卻因而得知了這一段痛苦的過去。

「克里斯是那種凡事放在心裡的人，」卡琳說：「如果有事困擾著他，也絕不會把它說出來，他會把它放在心中，隱藏自己的憤怒，讓不舒服的感受一再地醞釀。」這似乎就是他到瑟袞多發現事實後的做法。

子女往往嚴厲地審判父母，毫不留情；克里斯尤其如此。比起其他青少年，他更傾向於把事情分為黑白兩極，以極端嚴格的道德標準來衡量自己和身邊的人。

奇怪的是，克里斯並不是以同樣的嚴格標準看待所有人。在他生命的最後兩年，在他所欣賞的人之中，有一個人是個酒徒，也是個積習難改的花花公子，經常毆打女友。克里斯很清楚這個人的缺點，但他卻能原諒他。他也能夠寬宥，或者說忽視他最喜愛的作家的缺失：傑克．倫敦是個聲名狼藉的酒鬼；托爾斯泰雖然大力鼓吹獨身生活，但年輕時卻放蕩不羈，至少生了十三個子女，甚至有些還是在他出版斥責性行為邪惡的言論時孕育的。

和其他人一樣，克里斯評斷藝術家和好友時，顯然是以他們的作品而非生活做為標準，但他卻無法對自己的父親如此寬厚。每當華特嚴厲地訓誡克里斯、卡琳，或其他同父異母的兄弟姊妹時，克里斯就會想起他父親多年前的行為，然後默默地在心裡將他視為假惺惺的偽君子。他將一切一一記在心上，逐漸地，累積了滿腔自以為是的憤怒，再也無法壓抑。

克里斯發現華特離婚的真相後，將心中的憤怒整整壓抑了兩年，最後，終究還是發作了。這個孩子不能原諒父親年輕時的荒唐行徑，他更不願寬宥父親隱瞞事實的行為，他後來向卡琳等人表示，華特和比莉的欺騙行為使得他「整個童年都好像是騙局」。但他並沒有當面質疑父母，當時沒有，後來也沒有，他寧可隱藏所知的祕密，以間接的方式表達憤怒，沉默而抑鬱地孤立自己。

一九八八年，隨著克里斯對父母親日益憎恨，他對世上所有不公的憤怒也大幅增加。那年夏天，比莉記得：「克里斯開始抱怨艾默瑞大學裡的有錢學生。」他選修了愈來愈多有關社會問題的課程，如種族主義、全球性飢餓，以及財富分配不均等種種迫切的議題。雖然他嫌惡金錢和奢華的消費，但是他的政治態度卻不能算自由主義。

的確，他喜歡嘲笑民主黨的政策，也公開表示支持雷根總統。他甚至和朋友在艾默瑞大學一起創辦了「大學共和黨俱樂部」。他反常的政治態度或許可以由梭羅在《公民不服從》（*Civil Disobedience*）中的宣言反映出來：「我由衷接納這個金玉良言：『無為而治的政府是最好的政府。』」除此之外，他的觀點倒看不出什麼特色。

身為《艾默瑞之輪》的副主編，克里斯寫了許多篇社論；五年後再閱讀這些文章，我們依然可以感受到他是多麼年輕、多麼熱情。透過這些文章，他以獨特邏輯所表達的意見，全都躍然紙上。他譏諷卡特總統和拜登（Joe Biden）、呼籲司法部長梅斯（Edwin Messe）下台、痛譴恐嚇人們入教的人、力勸人們小心蘇聯的威脅、譴責日本人獵殺鯨魚、支持黑人牧師傑克遜（Jesse Jackson），認為他是有能力的總統候選人。一九八八年三月一日，克里斯的社論第一段就以他典型的熱情大聲疾呼：「我們現在已經進入一九八八年第三個月分，而這也將會成為現代歷史上政治最腐化、最可恥的其中一個月分……。」報紙的主編柯瑞斯・莫理斯（Chris Morris）對克里斯的印象是「情感強烈」。

隨著時間的流逝，對身邊逐漸減少的同志而言，克里斯變得愈來愈愛恨分明。一九八九年春季學期一結束，克里斯就開著他的達特桑，踏上另一個臨時起意的長途旅程。

「整個夏天，我們只收到他兩張卡片。」華特說：「第一張寫著：『前往瓜地馬拉。』我看到卡片時想：『我的老天，他到那裡去支持叛軍了，他們會叫他站在牆前射殺他。』一直到夏天快結束時，我們才收到第二張卡片，上面只寫著：『明天自費爾班克斯啟程，幾週內和你們見面。』」

顯然他改變了心意，沒有朝南方去，反而去了阿拉斯加。這一趟風塵僕僕的辛苦旅程是克里斯首次拜訪北方，而且行程已經縮短了——他在費爾班克斯只待了短短一陣子，然後就回頭向南走，想在秋季課程開始前趕回亞特蘭大，但他因土地的遼闊、冰河魅影般的色彩、北極圈附近清澈的天空而深深震撼；無疑地，他必會再回到此地。

修行般的生活

大四時，克里斯住在校外簡樸的房間裡，屋內家具只有牛奶箱和地上的床墊。他的朋友很少在課堂外看到他。一名教授給他鑰匙，讓他在閉館時還能上圖書館；幾乎所有課餘時間他都待在那兒。畢業前有一天早上，他高中的密友，也是越野賽跑的隊友安迪在書庫裡碰到他，雖然他們在艾默瑞是同班同學，但兩人卻已經有兩年沒見面。他們局促地交談了幾分鐘，接著克里斯就消失在小閱讀室之中。

那一年，克里斯很少和家人聯絡，因為他沒有電話，父母親也很難和他聯絡。華特和比莉愈來愈擔心他們和兒子在情感上的疏離。在一封給克里斯的信中，比莉哀求他說：「你已經完全擺脫所有愛你、關心你的人。不論為了什麼原因，不論你和誰在一起——你覺得這樣做對嗎？」克里斯認為她多管閒事，他告訴卡琳這封信「很蠢」。

「『不論我和誰在一起』是什麼意思？」克里斯向妹妹咆哮：「她一定是瘋了。你知道我怎麼想？我猜他們一定以為我是同性戀。他們怎麼會有這樣的想法？

簡直是一群白痴。」

一九九〇年春天，華特、比莉和卡琳一起參加克里斯的畢業典禮，他們覺得他似乎頗愉快。他們看著他大步上台領取畢業證書時，他咧開嘴笑了。他表示計劃要做另一個長程的旅行，但暗示會在上路前先回安納岱爾的家。之後不久，他把自己的銀行存款全數捐給樂施會，把行李裝上車子，然後就由他們的生命之中消失了。此後他小心翼翼地避免和父母、甚至避免和卡琳通訊，雖然這個妹妹是他深深關懷的親人。

卡琳說：「沒有他的消息，我們全都非常擔心，我覺得父母親的憂慮還混合了受傷和憤怒的成分。但我並沒有因為他不寫信給我而覺得難過；我和道他是快樂的，正在做他想要做的事。我了解對他而言，能知道自己究竟有多獨立是一件重要的事，而他知道如果寫信或打電話給我，爸爸媽媽就會知道他的下落，然後就會飛到那裡去，試圖帶他回家。」

華特並不否認：「這點毫無疑問。」他說：「如果我們知道該到哪裡去找他，我會立刻到那裡去，找出他藏身之處，設法把我們的孩子帶回家。」

月復一月，克里斯沒有一點消息；年復一年，他們的痛苦日漸增加。比莉出門時從不忘在門上留張紙條給克里斯。她說：「每當我們開車出去，看到欲搭便車而長得又像克里斯的人時，總會調頭再繞一圈。那真是一段痛苦的日子。晚上最可怕，尤其有暴風雨的冷天。你會不停地想：『他在哪裡？他穿得暖嗎？他受傷了嗎？他寂寞嗎？他好嗎？』」

一九九二年七月，克里斯離開安納岱爾兩年後，比莉在奇沙比克灣的家就寢。夜半時分，她突然坐直了身子，搖醒華特：「我確定我聽到克里斯在叫我。」她強調，淚水滑下雙頰：「我不知道怎麼回事，我沒有做夢，也並非想像，但我聽到他的聲音！他在求救：『媽！救我！』但我沒辦法救他，因為我不知道他在哪裡。而他反覆說的只有：『媽！救我！』」

第13章

無盡哀思

在我心中，有一個與鄉野自然版圖相對應的心靈地圖；
我所開闢的路，通往外在的山坡和沼澤，也通往心中的丘壑。
藉由對腳下事物的研究，以及藉由閱讀和思索，
讓我展開對自己及對大地的探索，
最後，這兩種探索在我心中合而為一。
而當本質性的事物藉由早期的基礎自我實現，且逐漸增強力量時，
我在生命裡也面對著一個熱情而固執的期盼——
永遠地將思想，以及它所帶來的一切麻煩拋開，
除了最原始、最直接而徹底的欲望之外。走入小徑，毋須回顧。

不管徒步、穿著雪鞋或者駕著雪橇，
走入夏日山丘和夜晚冰冷的陰影中時，
雪中高揚的火焰、雪橇滑行的痕跡，都將洩漏我的行蹤。
如果可能，讓其他人來尋找我吧。

——海恩斯，《星星、雪、火》
（John Haines, *The Stars, the Snow, the Fire*）

卡琳位於維吉尼亞海灘家裡的壁爐上，有兩張裝框的相片：一張是克里斯高一時，另一張則是克里斯七歲時穿著過小的西裝，打著歪歪扭扭的領帶，站在卡琳身旁，卡琳則穿著飾有花邊的洋裝，戴著一頂新的復活節帽子。卡琳端詳了這兩張照片之後說：「真教人驚訝，雖然這兩張照片拍攝的時間相差十年，他的表情卻一模一樣。」

她說的沒錯。兩張照片中克里斯都用同樣憂鬱、頑固的神情斜視著鏡頭，彷彿因為在重要的思考中遭打擾，而且必須在相機前浪費時間而感到不悅。在復活節那張照片中，他的表情特別醒目，因為那和同一張照片中帶著燦爛笑容的卡琳有天壤之別。她親切地笑著說：「那就是克里斯。」一邊用指尖輕撫照片：「他老是有這號表情。」

躺在卡琳腳邊的布克里——克里斯深愛的那隻喜樂蒂，現在已經十三歲了，口鼻部分已經變白，因為關節炎而步履蹣跚。當馬克斯——卡琳養的另一隻十八個月大的羅威拿犬闖入布克里的地盤時，這隻生病的小狗卻毫不畏懼，大聲狂吠，再加上恰中要害的一陣亂咬，讓那隻重一百三十磅的巨獸倉皇逃跑。

「克里斯很愛布克里，」卡琳說：「他失蹤的那年夏天，一直想要帶布克里一起走。由艾默瑞大學畢業後，他曾問過爸媽能不能帶走布克里，但他們不答應，因為布克里剛遭車撞傷，還在恢復中。如今，他們當然有不同的想法。雖然布克里傷勢很嚴重，獸醫說牠在意外後可能永遠無法再走動，但我父母親依然忍不住會想——我承認，我也忍不住這麼想：如果克里斯帶著布克里一起走，結果是否會有所不同？克里斯冒自己生命危險時從不猶豫，但他卻不會讓布克里冒任何危險。如果布克里和他在一起，他絕不會冒同樣的險。」

卡琳五呎八吋，和克里斯一樣高，也許比她哥哥還高一吋，兩人長得一模一樣，常有人問他們是不是雙胞胎。她很健談，說話時常把及腰的長髮向後甩，一邊用充滿表情的小手在空中比畫。她打著赤腳，脖子上掛著金色十字架，燙得筆挺的牛仔褲前面褲腳上有皺痕。

卡琳就像克里斯一樣，充滿活力，自信心強，積極進取，善於表達自己的意見。她也像克里斯一樣，少女時期常和父母激烈衝突，但這對兄妹之間的差異遠比相同點來得大。

卡琳在克里斯消失後不久，就和父母言和。如今，二十二歲的她認為她和父母的關係「非常好」。她比克里斯合群，從未想過單獨走入曠野或任何地方。雖然她和克里斯一樣對種族間的不平等義憤填膺，但她卻毫不反對財富——不論在道德上或其他方面都如此。她最近才買了一間昂貴的新房子，每天經常花十四小時待在她和丈夫柯利斯・費許（Chris Fish）所創辦的CAR汽車修理服務公司，希望能趁著年輕就賺進第一個一百萬。

「我以前總是責怪父母，因為他們總是不停地工作，從不休息。」卡琳自我解嘲地笑著說：「但現在看看我，也沒什麼兩樣。」她承認，克里斯以前常稱她是「約克女公爵」、「伊凡娜・川普・麥克肯多斯」，或是「李奧娜・漢姆斯李（Leona Helmsley）的後起之秀」，嘲笑她對資本主義過於熱中。不過他對妹妹的批評卻從不過分，頂多只是無傷大雅的取笑，他們倆感情非常好。有一次克里斯寫信給她，陳述他和父母親之間的爭吵：「不論如何，我願意和你談論這些，因為你是世界上唯一能夠了解我想法的人。」

在克里斯死後十個月，卡琳依然深深哀悼哥哥：「我幾乎沒有一天不哭，」她露出迷惘的神情說：「不知為什麼，最糟的時候是我獨自在車裡，在由家中開車到店裡的二十分鐘之間，我從來沒有一次不想到克里斯，也沒有辦法不崩潰。儘管我總算恢復了，但當時卻非常痛苦。」

驚聞噩耗

一九九二年九月十七日晚間，卡琳在屋外替她的羅威拿犬洗澡，柯利斯把車駛進車道，她很驚訝他竟這麼早回家；通常柯利斯都會在店裡待到很晚。

卡琳回憶道：「他的舉止奇怪，臉上有可怕的表情，他走進屋內，又走出來，然後幫我為馬克斯洗澡。我知道一定有什麼地方不對，因為他從來不幫狗洗澡的。」

柯利斯說：「我得和你談談。」卡琳跟著他走進屋裡，在廚房的水槽沖洗馬克斯的頸圈，接著走進客廳。「柯利斯坐在暗處的長沙發上，頭垂得低低的，看起來非常傷心。我想要讓他心情好一點，便問他說：『你怎麼啦？』我想一定是他的夥伴們工作時嘲弄了他，也許告訴他說看到我和別的男人在一起之類的事。我笑著問說：『那些傢伙讓你難堪了嗎？』但他並沒有反應，當他抬頭看著我，我看到他雙眼通紅。」

柯利斯說：「是你哥哥，他們找到他了，他死了。」華特的大兒子山姆打電話給正在工作的柯利斯，告訴他這個消息。

卡琳眼淚奪眶而出，眼前一片模糊。她不由自主地拚命搖頭：「不，」她糾正他：「克里斯沒死。」接著她歇斯底里地尖叫，大聲慟哭不止，柯利斯不由得擔心鄰居會以為他正在虐待她而報警。

卡琳像胎兒般蜷曲在沙發上，不停地哭號。柯利斯想要安慰她，但她把他推開，尖聲叫他不要管她。接下來的五個小時，她一直處於歇斯底里的狀態；到了十一點，她冷靜下來，收拾幾件衣服，和柯利斯一起上車，由他向北開了四小時，送她回到奇沙比克灣的娘家。

他們駛離維吉尼亞海灘時，卡琳要柯利斯將車停在教堂前。卡琳回憶道：「我走進教堂，獨自在祭壇前靜坐了一小時左右，我希望神給我一些答案，但卻沒有任何結果。」

那天晚上，山姆已經證實由阿拉斯加傳真過來的無名屍體照片，的確就是克里斯，不過費爾班克斯的驗屍官要求比對克里斯的牙齒紀錄，以做最後的認定。比較X光紀錄的過程花了一整天，比莉一直不肯看傳真來的照片，最後牙齒紀錄的核對完成，確定餓死在蘇夏納河邊巴士內的男孩正是她兒子。

第二天，卡琳和山姆搭機前往費爾班克斯，把克里斯的遺體領回。在驗屍官的辦公室，他們領回了和遺體一起發現的遺物：克里斯的來福槍、望遠鏡、隆納德給他的釣竿、珍送他的瑞士刀、上面寫有日誌的植物書、美樂達相機和五卷底片，此外便沒有其他東西了。驗屍官把文件遞給他們，山姆簽署後，再交回去。

卡琳和山姆抵達費爾班克斯後不到二十四小時，又轉往安克拉治，克里斯的遺體在科學犯罪偵查實驗室解剖後已經就地焚化，停屍間把裝有克里斯骨灰的塑膠盒送到他們所住的旅館。卡琳說：「我很驚訝盒子竟然這麼大。他的名字印錯了，標籤上寫著克里斯多福．R．麥克肯多斯，其實他中間的名字縮寫應該是J。我很生氣他們弄錯了他的名字，簡直氣瘋了。但後來我想：『克里斯不會在意的，他只會覺得有趣。』」

第二天一早，卡琳把她哥哥的骨灰裝在背包裡，他們搭機回馬里蘭。回家的路上，卡琳吃光空服員送來的食物。她說：「雖然飛機上提供的餐點難吃無比，但我不能忍受把食物倒掉不吃的念頭，因為克里斯是餓死的。」然而，接下來幾週，她卻一點食欲也沒有，瘦了十磅，朋友都擔心她得了厭食症。

而在奇沙比克灣，比莉也不想吃東西。四十八歲的她，身材還像少女一樣，整整瘦了八磅，食欲才恢復。華特的情況卻正好相反，他不能克制地進食，重了八磅。

一個月之後，比莉坐在餐桌前，望著克里斯生前最後的相片。她唯一能做的，就是檢視這些模糊的相片。每當她看著這些相片，總會不由自主地崩潰，就像任何白髮人送黑髮人一般地哭泣，她流露出的失落感如此強烈和難以彌補，旁人難以理解其悲傷的程度。而我親眼目睹這樣的椎心之痛，即使想對克里斯的冒險做任何的辯解，似乎都毫無意義。

比莉以她的眼淚向命運抗議：「我真的不懂為什麼他一定要冒這種險，我真的一點也不明白。」

第14章

年少輕狂

我體力充沛，卻有激動熱切的心，想追求更多、更眞切的事物；
我的心總是不斷找尋眞實，彷彿永無滿足之時……

你立刻可以知道我做的是什麼——登山。

——艾德華茲，《一名男子的來信》
（John Menlove Edwards, *Letter from a Man*）

因爲事隔久遠，我現在不太記得首次登山是在什麼樣的情況下，
但記得獨自一邊攀爬一邊顫抖（我隱約記得自己曾獨自外出過夜），
接著沿樹木半掩的崎嶇山脊穩穩地向上攀爬，山上野獸出沒。
最後，我完全迷失在高空氣流和雲霧之中，
似乎越過了一條把泥土堆成的山丘和山岳區隔開來的假想界限，
見識了地表的莊嚴與崇高。
把山峰和塵世區隔的，是這片處女地的莊嚴和壯麗。
你永遠無法熟悉這樣的景象，
一旦步入其間，你就進入忘我之境。
你認得路，但卻在裸露無路可走的岩石之間，
感到迷惘和震撼，彷彿它由空氣和雲凝結而成。
那座崎嶇、多霧的山峰，隱藏在雲端，
遠比噴火的火山口還要令人敬畏、令人驚奇。

——梭羅，《日記》（*Journal*）

克里斯在寄給韋恩的最後一張明信片上寫道：「如果我在這次冒險中喪生，而你將不會再聽到我的音訊，那麼，我想先告訴你，你是個好人。現在我要邁向曠野。」克里斯的確在這次冒險中喪生，他這個誇張而動人的聲明，也因而引起了許多臆測，認為這個孩子一開始就有心自殺，當他走進樹林時，根本無意再走出來。然而，我卻不這麼想。

在我閱讀克里斯留下的少數文稿，並訪問他生命中最後幾年所交往的男女朋友後，我的猜測是：克里斯之死並非事先計劃好的，而是個可怕的意外。但這個揣測，有部分也來自我個人的想法。

人們說我年輕時是個任性、一意孤行、魯莽而陰鬱的孩子，經常讓我父親失望。就像克里斯一樣，男性的權威人物激起我心中受抑制的憤怒，但同時卻又渴望取悅他們的錯綜複雜的情緒。如果有什麼吸引了我自由奔放的想像力，我就會以近乎痴迷的熱忱追求它。從十七歲至二十多歲之間，我所著迷的就是爬山。

我花了許多時間，想像自己攀登阿拉斯加和加拿大的遙遠山巒——朦朧的山頂，陡峭而險峻，除了少數幾名山友之外，全世界沒有任何人聽說過。其實這對我有些幫助，當我把眼光放在一個接一個的山峰，我才得以在後青春期的迷惘中，把持住自己的方向。登山事關緊要；危險使世界沐浴在鹵素光下，使得岩石區、橘黃色的地衣、雲朵的紋理……等等，全都鮮明而突出。生命以較高亢的音調進行，世界也因而有了真實感。

攀爬魔鬼拇指山

一九七七年，我坐在科羅拉多一家酒吧的高腳椅上沉思，不快樂地挑剔著自己本質上的缺陷時，突然想去爬一座名叫「魔鬼拇指」的山。古冰河將突出的閃長岩雕刻成壯麗雄偉的山峰，由北面看來特別壯觀：宏偉的北麓，從沒有人攀爬過，高聳入雲，由底部的冰河算起共六千呎高，是優勝美地酋長岩的兩倍。我想由阿拉斯加向內地滑雪，越過三十哩的冰河，攀上這座壯麗的北嶺，而且，我決心獨自完成這項壯舉。

那時我二十三歲，比克里斯步入阿拉斯加的樹林時還小一歲，我的理智——如果還稱得上理智的話，受到年輕任性的熱情所激發，也深受尼采、凱魯亞克（Jack Kerouac）和艾德華茲等人的作品影響。艾德華茲是受盡折磨的作家，也是精神病學者，一九五八年以氰化物自殺之前，是英國當代出色的攀岩專家之一。艾德華茲將登山視為一種「輕度精神病」傾向，他並不是為運動而爬山，而是為了從束縛他生活的內在折磨中，尋找避難所。

我規劃拇指山攀登計畫時，並未完全意識到攀登過程的困難程度將超乎我的想像，反而因為途中可能遭遇的困難而更加神往。

我的一本書中有張魔鬼拇指山的黑白照片，是由知名冰河學者梅納德．米勒（Maynard Miller）所拍攝的。在米勒的這張鳥瞰圖中，這座山看起來特別邪惡：岩石剝落形成龐大角鰭狀，黑暗而覆滿冰霜。對我而言，這張照片極具煽動性的誘惑力。我懷疑，在那刀刃般的山脊上保持平衡，一邊憂慮著遠處聚集的暴風雨雲層，一邊頂著強風和酷寒前進，同時顧慮著另一面的陡坡，會是什麼滋味？有人能夠按捺住恐懼，直到攀上頂峰，再凱旋歸來嗎？

而如果我能夠成功……，我不敢讓自己想像這樣的結果，以免招來厄運。但我從不懷疑，攀上魔鬼拇指山一定能改變我的生命，怎麼可能不會呢？

當時我的工作是打零工的木匠，在布爾德建造公寓，時薪三．五美元。一天下午，在駝著背釘了九小時釘子後，我告訴老闆我要辭職：「不，我不要再等幾週，我現在就要辭職。」我花了幾個鐘頭由骯髒的拖車中收拾了工具和私人物品，然後爬上我的車，往阿拉斯加出發。我很驚訝原來離開的舉動這麼容易，而且感覺如此舒服。世界突然充滿了各種各樣的可能。

魔鬼拇指山位於阿拉斯加和英屬哥倫比亞交界，在彼德茲堡之東。彼德茲堡是一個漁村，對外交通得靠海運或空運，有定期班機飛往當地，但我所有的財產只有一輛一九六〇年分的龐帝克和兩百美元現金，連單程機票都買不起，因此我駕車到華盛頓州吉格港，丟下車子，設法搭上一艘朝北駛的鮭魚拖網漁船。

「海上皇后號」是一艘堅固、有效率的工作船，用阿拉斯加黃西洋杉厚板製成，配備有長索和袋網。我以勞力交換向北航的行程，按時上舵前輪班——每十二小時值四小時的班，並且協助他們收拾眾多的捕魚工具。沿內灣水道行駛的緩慢航程在如紗如霧的期待幻想中展開，受到一股我無法控制、無從理解的力量驅使，我已經上了路。

船聲隆隆，朝著喬治亞海峽往北駛，陽光映在水面上，閃閃發亮。斜坡由水邊陡峭升起，上面長滿幽暗的鐵杉、西洋杉和有刺灌木。海鷗在頭上盤旋，我們的船在馬爾科姆島外海遇到了七隻殺人鯨，牠們的背鰭有些和人一般高，劃過如鏡的水面，距船舷欄杆只有一步之遙。

出海的第二夜，在黎明前兩小時，我正在艦橋上駕駛，見到一隻黑尾鹿的頭在聚光燈刺目的強光中浮現。當時牠正在費茲修灣中央，由加拿大岸邊穿過寒冷黑暗的海水，游出了一哩餘遠。牠的眼睛在炫目的燈光下發出紅光，看起來筋疲力盡，且因恐懼而發狂。我把舵向右轉，船滑過牠身旁，牠在船後上下浮沉了兩次後，消失在黑暗中。

內灣水道大半是狹窄如峽灣般的水道，但當我們經過登德斯島時，景觀豁然開朗。西邊是無垠的海洋，一望無際的太平洋水域，船隻隨著十二呎西向的大浪顛簸搖晃，浪頭打在船舷上。沿右舷向船首望去，遠處浮現了一群崎嶇但低矮的山峰，看到這幅景象，不禁使我的脈搏加快，這些山巒預告了我期待的目標：我們抵達阿拉斯加了。

離開吉格港五天之後，「海上皇后號」停泊在彼德茲堡，補充燃料和水。我躍過船舷上緣，背起沉重的背包，在雨中走下碼頭。我茫然不知接下來該做什麼，因此在城中圖書館簷下，坐在背包上躲雨。

依阿拉斯加的標準來看，彼德茲堡是個一絲不苟的小鎮。一名高大活潑的婦女走到我身邊搭訕，她叫凱．桑德柏恩（Kai Sandburn），誠懇愉快，個性外向，和她談話輕鬆自在。我向她坦承我的登山計畫，她並沒有譏諷我，也沒有露出驚奇的樣子，教我鬆了一口氣。她只告訴我：「天氣好的時候，你可以由鎮上看到拇指山，很漂亮，就在那裡，佛萊德瑞克海灣對面。」我順著她手指的方向看去，東方有一堆低矮的雲層。

凱邀我到她家晚飯，後來我在她家地板上打開睡袋借宿。她入睡後很久，我還在鄰室輾轉反側，聆聽她平穩的呼吸聲。多少個月來，我一直說服自己並不在乎生命中缺乏親密關係、缺乏真正的人際關係，但因這名女性的陪伴而使我感受到的快樂——她的笑聲、她無意中碰觸我臂膀的手，揭露我的自我欺騙，使我空虛而心痛。

史代肯冰帽

彼德茲堡位於島上；魔鬼拇指山位於大陸，矗立於冰雪覆蓋的白頂史代肯冰帽上。龐大如迷宮的冰帽像層殼一樣覆蓋於邊界山脈的山脊上，由此伸出無數狹長的藍色冰河海岬，在經年累月的重壓下，緩緩伸入海中。想要到山腳下，我得找人載我越過二十五哩的海水，然後再由其中一條貝爾德冰河向上滑三十哩，我很肯定，這個冰谷已經有許多年沒有人類的足跡。

我搭上幾名植樹工人的便車前往湯瑪斯灣頭。他們讓我在碎石灘上上岸，覆滿碎石的寬廣冰河盡頭就在一哩之外。半個小時後，我爬上它冰封的突起處，開始向拇指山長途跋涉。冰上沒有雪，布滿粗糙的黑色砂礫，在我雪鞋的防滑鞋釘之下嘎吱作響。

再走三、四哩，我到達了雪線，並在那裡換上冰鞋，這使我背上沉重的負擔減輕了十五磅，也使我的行進更為快速，但雪地裡隱藏有許多冰河的暗溝，增加了旅程的危險。

我在西雅圖已經想到可能會有這樣的危險，因此在一家五金店買了一對堅固的鋁製窗簾桿，每支有十呎長。我把兩支桿子綁成十字形，然後把它綁在我的背包上，讓兩支桿子水平地拖在雪地上。我背負著過重的包裹，在冰河上蹣跚而行，尤其背著這樣一副可笑的金屬十字架，令我覺得自己好像是古怪的懺悔者。萬一我一腳踩進隱伏在雪層下的冰溝時，我深切希望窗簾桿能夠跨架在裂縫上，讓我不致落入貝爾德冰河結凍的深淵中。

兩天來我跋涉於冰谷上，天氣不錯，路徑明確，而且沒遇上什麼大障礙。然而因為孤獨，即使最普通的事物，對我而言似乎都充滿了意義。冰層看起來更冰冷、神祕，天空藍得更澄澈，聳立在冰河上的無名山峰看起來更龐大、美麗，如果有伴同行，我看到的將遠為遜色。同樣的，我的情感也增強了：高昂時更高亢激昂；絕望時更深沉陰鬱。對一名因為自己生命中即將開展的戲劇而受到激勵的自制年輕人而言，這一切都充滿了極大的吸引力。

離開彼德茲堡三天後，我抵達了史代肯冰帽正下方，貝爾德冰河的長流在此加入冰河主體，冰河則突然溢出高原邊緣外，多變眩目的碎冰穿過兩山間的縫隙，墜入海中。我從一哩外見到這片騷動時，也是離開科羅拉多之後，首次真正感到害怕。

冰瀑上交錯分布的冰溝和搖搖欲墜的冰塔，由遠處看來，彷彿是火車失事，許多幽靈般的白色車廂在冰帽邊緣出軌，衝下斜坡。愈靠近，它看起來就愈令人不快。我的十呎窗簾桿子比起四十呎寬和數百呎深的冰溝，實在是微不足道的防衛。在還沒有想出穿過冰瀑的方法前，雲層中飄下了大雪，刺痛了我的臉，也讓能見度幾乎降到零。

接下來一整天，我在白色的迷宮中摸索，循著自己的足跡，由一條死路走到另一條死路。一次又一次，我以為自己找到了出路，但卻只是在深藍色的死路中打轉，或是陷身在巍然而立的冰柱上。腳下發出的聲響使我的行動益增急迫感，吱吱的聲響和尖銳的爆裂聲——逐漸彎曲的大樅樹樹枝快折斷時發出的抗議聲，提醒我冰河是流動的，冰塔隨時可能會傾斜。

我單腳踩過橫跨在深不見底的冰隙上的雪橋，過了一會兒，我又橫過及腰的雪橋，窗簾桿子使我免於落入數百呎深的冰隙，解脫之後，我彎腰喘息，想像如果自己躺在冰隙深淵底部等著死亡的來臨，沒有人知道我在哪裡或是怎麼死的，不知道是什麼滋味。

等我由冰塔斜坡中探身出來，步上空曠而飽經風蝕的冰河高原時，夜幕幾乎已經低垂了。在驚慌受凍中，我在雪中滑了很遠，穿過冰瀑，擺脫它隆隆的聲響，然後紮起帳棚，爬進睡袋，在顫抖中斷斷續續地入眠。

求救無門

我計劃在史代肯冰帽上待上三週到一個月，但並不想背著四週的食物、沉重的冬季露營設備和登山用具爬上貝爾德冰河，因此我在彼德茲堡時便以一百五十美元的代價——這是我最後的現金，請叢林飛機駕駛員在我抵達魔鬼拇指山腳時，空投六箱補給品。我在駕駛員的地圖上明確地標示了我要去的地點，並要他給我三天的時間抵達該地；他允諾只要天氣許可，就會立刻飛來投下補給品。

五月六日，我在魔鬼拇指山東北方的冰帽上紮好營地，等待空投的補給品。但接下來的四天一直下雪，根本不可能有飛機。我擔心誤踩隱藏的冰隙，不敢離營區太遠，大部分的時間都斜靠在帳棚裡，偏偏棚頂又太低，身體無法坐直。我心裡七上八下，充滿疑懼。

一天一天過去，我愈來愈焦慮。我既沒有無線電，也沒有其他和外界聯繫的工具。已經很多年沒有人來過史代肯冰帽這裡，但恐怕還要更多年之後，才會再有人來到此地。我的炊具燃料幾乎告罄，只剩一塊乳酪、最後一包麵條和半盒可可芙。如果必要，我估計這些食物還夠讓我支撐三、四天，但接下來該怎麼辦？滑下貝爾德冰河回到湯瑪斯灣只需要兩天，但可能要等一週甚或更久，才會恰好有漁民經過，順路載我回彼德茲堡（順路載我來的植樹工人紮營在十五哩外布滿海岬的海岸，只有搭船或飛機才能抵達）。

五月十日晚上我就寢時，外面依然刮著大風下著大雪。幾小時後，我聽到一陣模模糊糊、時斷時續的呼嘯，比蚊子的聲音大不了多少，我拉開帳棚的門，天上的雲已散去，但依然不見飛機的蹤影。接著呼嘯聲又出現，這一次持續得更久，後來我看到它了：渺小的紅白斑紋高高地飛在西邊的天空上，嗡嗡作響。

幾分鐘後，飛機直接越過我的頭頂，然而駕駛員還不習慣在冰河上飛行，他錯估了這個地區的規模。他擔心自己飛得太低，會意外捲入亂流，因此高飛在我頭頂上至少一千呎——他還以為自己離地面不遠，卻沒有看到黯淡夜光下的帳棚。我揮手大喊，一點用處也沒有。由他的高度看下來，我混雜在一堆岩石之中，無法辨識。接下來的一個小時，他繞著冰帽飛行，審視冰帽貧瘠的輪廓，仍找不到我。不過這位駕駛依然信守承諾，他了解我的困境十分嚴重，因而沒有放棄。慌亂之間，我把睡袋繫在窗簾桿的末端，拚命地揮舞，飛機突然傾斜轉彎，朝我而來。

飛行員迅速地連續三次低飛掠過營地，每次各拋下兩個箱子，然後飛機消失在山脊後，留下我獨自一人。寂靜再次籠罩冰河，我覺得孤獨無依，脆弱迷惘，不由得啜泣起來。不久，我感到難為情，於是止住哭泣，大吼髒話，最後聲音都沙啞了。

雄心再起

五月十一日，我大清早醒來，發現天空清澈，氣溫約在華氏二十度（約攝氏零下六度），還算溫暖。我被好天氣嚇了一跳，雖然心理上還沒有真正開始爬山的準備，但還是匆匆收拾起背包，朝拇指山下滑去。前兩次的阿拉斯加探險已經教我學會：不能浪費罕有的好天氣。

小小的傾斜冰河由冰帽邊緣伸出，向上延展，像甬道一般越過拇指山北麓。我打算沿著這個甬道前往冰牆中央突起的岩石，再沿著山麓下覆滿崩雪的醜陋坡面迂迴而行。

那條甬道是五十度角的連續冰原，上面覆蓋著及膝的粉狀積雪，其內滿是縫隙。深雪中行走困難，我必須費力前行，等我面對冰川裂縫最主要的突出冰牆時，已是離營三、四小時後，但卻還沒有開始真正的攀爬，不免令人有種挫敗的感覺。傾斜的冰河在這裡變成垂直的岩石，攀爬立刻就要展開。

岩石根本沒有地方可供雙手攀握，上面覆蓋了六吋厚的易碎白霜，看起來沒什麼希望。但就在岩石主要突出部分的左邊，有一個淺淺的角落，因為融化的冰水而變得光滑，這條冰帶垂直而上三百呎，如果冰塊能夠支撐冰斧斧尖，就可以依循這條路徑向上爬。我拖著腳步走到角落下，生氣蓬勃地揮動工具，鑿在兩吋厚的冰上。它堅實而有彈性，雖然比預期的薄，但大致上還算不錯。

攀爬如此陡峭而一無遮蔽的岩石，令我頭暈目眩。在我腳下，冰牆直落三千呎，底下是骯髒而布滿雪崩痕跡的「巫婆大鍋」冰河圓形谷區。仰望頭上，山的前緣向山脊方向突出，垂直延伸半哩，教人望而生畏。每一次我鑿入冰斧，就讓距離縮減了二十吋。

讓我能夠懸在山壁、懸在世界邊緣的，是兩支釘入混濁冰塊中半吋的細鉻鉬合金長釘，但我爬得愈高，卻愈覺舒服。難度高的登山任務展開之初，尤其是獨自登山，總讓人覺得深淵就在身後，要抗拒這樣的想法，需要集中心神，絕不要讓注意力鬆弛片刻，因虛空而產生的幻聽，會使人瀕臨崩潰，讓你動作遲緩、笨拙、顫抖。但隨著你愈爬愈高，習慣了危險，習慣了與命運擦身而過，你會愈來愈相信自己的手腳和頭腦，並學會信任自己的自制力。

漸漸地，你的注意力愈來愈集中，不再感受到刺痛的關節、抽筋的大腿，以及因為持續的專注而造成的緊張；漸漸地，你陷入恍惚，攀爬成了清晰的夢境，幾小時一眨眼就過去了。日常生活的混亂——良心的過失、尚未支付的帳單、搞砸的機會、沙發下的灰塵、天性中的缺陷——全都暫時被拋諸腦後，留下的只有凌駕一切的一片清澄，以及眼前的嚴肅任務。

此時，你的胸中浮現了類似喜悅的情緒，但你並不想太依賴這樣的情緒。單獨登山時，最重要的憑藉是一股蠻勇，但它並不可靠。當天稍後，在拇指山北麓，我覺得這樣的憑藉也隨著冰斧的揮舞而逐漸瓦解。

我已經攀爬了七百呎高，全仰賴雪鞋的前頭釘和冰斧的斧尖。冰帶早在三百呎處就已結束，之後是易碎的羽狀結霜層，雖然幾乎無法支撐身體的重量，但白霜布滿岩石厚達兩、三呎，我藉此繼續向上攀爬。然而在不知不覺中，冰牆逐漸變得愈來愈陡，羽狀結霜層卻愈來愈薄，我已經落入催眠般緩慢的節奏——搖擺、蹬腿、搖擺、蹬腿。最後左手的冰斧砰然一聲，敲入白霜下數吋厚的閃長岩板中。

我左敲、右敲，仍一直敲到岩石，愈來愈明顯的是，支撐著我的羽狀結霜層大約只有幾吋厚，結構就像陳腐的玉米麵包一般鬆散。我高懸在三千七百呎的空中，好像平衡走在撲克牌疊成的房子上一般，一股恐懼的感覺湧上心頭。我的視線模糊，不停喘氣，小腿開始打顫。我緩緩地朝右移了幾呎，希望找到比較厚的冰，但冰斧依然落在岩石上。

我感到害怕，僵硬笨拙地開始朝下爬。霜層逐漸變厚，下降大約八十呎後，我又回到還算堅實的地方。我停頓了一陣子，平復緊張的情緒，接著手持工具傾身向後，在斜坡上尋找堅實的冰，尋找底下不同的岩石層，尋找任何可以容我穿過結霜板層的通道。我找得連頸子都痛了，但什麼都沒找到。攀爬結束了，唯一可走的路就是下山。

第15章

不安的靈魂

直到試過了，
我們才知道心中有多少控制不了的欲望，
激勵自己越過冰河和急流，攀上危險的高峰；
讓理智盡可能地阻止我們吧。

—— **繆爾，《加州山岳》（*The Mountains of California*）**

但你可注意到山姆二世看著你時抿起的嘴角？
那意味著：他並不希望你叫他山姆二世；
另外，它也意味著他左褲管裡有鋸短槍膛的獵槍，右褲管裡有打包鉤，
只要一有機會，他隨時可以用這些工具殺死你。
做父親的吃了一驚。在這樣的衝突中，他經常說的是：
「小兔崽子，你小時候還是我幫你換的尿片呢！」這話並不合適。
首先，它不正確（十片尿布中，有九片是媽媽換的）；
其次，它立即提醒了山姆二世自己因何生氣。
他生氣是因爲他那樣渺小，而你卻如此雄偉？
不，不是因爲這個；
他生氣是因爲他那樣柔弱無助時，而你卻孔武有力？
不，也不是因爲這個；
他生氣是因爲他是替代品，而你卻是眞正的主體？
不，也並不完全如此；
他發怒是因爲在他愛你的時候，你卻絲毫沒有察覺。

—— **巴撒美，《亡父》（Donald Barthelme, *The Dead Father*）**

由魔鬼拇指山側面下來後，大雪和強風令我一連三天待在營中。時間過得很慢，為了要加速打發時間，我一支接一支地抽光了所有的香菸，然後閱讀，但所有讀物都讀完時，我只好研究帳棚頂上的編織圖案。我一連躺著看了數小時，心中天人交戰：究竟該趁天氣一放晴，就趕快啟程前往海邊呢？還是繼續待在這裡，再嘗試攀登一次？

其實我在北麓的魯莽舉止已讓自己感到緊張，根本不想再上一次拇指山；但又不願垂頭喪氣返回布爾德。我可以想見那些認為我一定會失敗的人，那種既想安慰我、又自鳴得意的神情。

暴風雪的第三天下午，我再也不能忍受了：結凍的雪塊從背後碰撞著我、又冷又濕的尼龍布掠過我的臉，由睡袋深處飄出的臭味教人難以忍受。我摸索腳下亂七八糟的雜物，找出一個綠色的小包，裡面有個金屬罐，藏著我希望能當成勝利雪茄的東西。我本來想在登頂成功返程時享用，但恐怕我不會再嘗試登頂了。我把罐子裡的東西倒在菸葉紙上，捲成一管大麻菸，一口氣把它抽光。

但大麻只是讓帳棚顯得更狹窄、更悶、更難忍受，也讓我覺得非常飢餓。我決定煮一點燕麥，也許能改善情況。然而烹煮燕麥卻變得非常複雜：先得在暴風雪中蒐集一鍋雪，裝好炊具，點燃爐火，找出燕麥和糖，把昨天晚上的殘羹倒掉。我已經燃起爐子，融化積雪，卻突然聞到燒焦的味道，仔細檢查，爐子附近卻沒有任何跡象。我覺得很奇怪，正打算把這歸咎於大麻引起的幻覺，卻聽到背後有什麼東西嗶剝作響。

我趕快轉身，只見一袋垃圾——我剛才把點燃爐子的火柴丟進去——引起了小火災，於是我用手撲火，幾秒鐘之內火就熄了，但我卻眼睜睜地看著帳棚的內層化為灰燼；雖然帳棚內附的門簾逃過一劫，因此多少還可以遮點風雨，但現在帳棚裡的溫度還是驟降了華氏三十度（約下降十七攝氏度）。

我的左手掌也開始刺痛，檢視之後，才發現有粉紅色的燙傷傷痕。但最教我煩惱的，卻是帳棚根本不是我的；這個昂貴的避難所是向我父親借來的。在我出發前，它還是新的，標籤還在上面，父親很不情願借給我。我坐在那裡瞠目結舌了幾分鐘，望著原來美麗的帳棚，如今只剩燒焦毛髮的刺鼻臭味和融化的尼龍。我想，我總是不出老爸最差勁的期待。

父與子的戰爭

我父親路易斯是個反覆無常、極端複雜的人，急躁的個性下，其實隱藏著深切的不安；他一生中，從未在我面前承認過錯誤。但這就是我父親，是個業餘的山友，也是我爬山的啟蒙老師。他為我買了第一捆繩子和第一支冰斧，那時我才八歲，他帶我到喀斯開山脈攀登南姊妹峰，這是只有一萬呎的火山，離我們在奧勒岡州的家不遠。他從沒料到，有一天我竟會以登山為志。

路易斯是個仁慈慷慨的人，他以父親那種專制獨斷的方式深愛五名子女，但他的世界觀卻有一層殘酷的競爭色彩。他覺得，人生是一種競賽，他一再地讀波特（Stephen Potter）的作品，而 one-upmanship（勝人一籌）和 gamesmanship（不擇手段克敵制勝術）這兩個詞就是波特發明的。他不覺得波特的作品諷世，反而覺得它是實用的計謀手冊。他雄心勃勃達到極點，而就像克里斯的父親一樣，他也把自己的期望全心投注到兒女身上。

我還沒上幼稚園，他就已經規劃好我在醫藥界的璀璨生涯；萬一做不到，法律界也差強人意。聖誕節和生日時，我收到的禮物是顯微鏡、化學工具組、大英百科全書。由小學到高中，我的兄弟姊妹和我受盡威嚇，每一門課程都表現優異、在科學展中要贏得獎牌、在舞會上要膺選皇后、在學生社團領袖選舉中要獲得勝利。我們學到，唯有如此，我們才能獲准進入好學校，才能進入哈佛醫學院；而這是達到成功和快樂人生的唯一途徑。

我父親對這張藍圖的信心無可動搖，畢竟，這是他藉以成功的路。但我不是他的複製品，青少年時期，我了解了這點，於是先是逐漸地，然後劇烈地偏離他所規劃的路徑。我的造反使得父親對我咆哮，我們家的窗戶因為他的最後通牒而震動不已。在我離開奧勒岡州柯瓦利斯，到沒有長春藤生長的遙遠大學就學之前，不是咬牙切齒地和父親說話，就是根本不和他說話。四年之後我畢業了，並沒有進哈佛或其他醫學院，反而成為木匠、熱愛登山的遊民，我與父親之間不可跨越的鴻溝更是增大了。

在很年輕的時候，我就擁有其他孩子沒有的自由和責任，我應該非常感激，但我沒有，反而覺得受這老傢伙的期待壓抑。他訓練我：未達勝利，就是失敗。身為他兒子，我把他的話奉為圭臬，從沒有質疑過，也因此，日後長久隱瞞的家庭祕密曝光，讓我發現這個只要求完美的神祇，自己也不完美，甚至稱不上是神祇——我無法一笑置之，反而怒火中燒，知道他只不過是個凡人，而且是個討厭的人，這實在教我難以原諒。

發現這個事實二十年後，我覺得自己的憤怒已經消失，而且早已消失多年，它已經由悔恨的同情所取代，而這樣的情感應該算得上是愛。我終於了解我折磨父親、使他氣惱的程度，並不下於他折磨我、使我氣惱的程度。我了解從前的自己自私、剛愎、討人厭。他為我建立了一座通往特權的橋，親手鋪上通往美好生活的支架，而我卻破壞它、粉碎它，做為報答。

但是這樣的領悟卻是在時間和不幸等因素影響之後才出現，那時令我父親自滿的生活已經開始在他的腳下崩潰。先是他的肌肉不聽使喚，罹患小兒麻痺三十年後，症狀神祕地再度出現。已經殘廢的肌肉更為萎縮、神經突然無法作用、失靈的腿不能移動。他由醫學期刊中得知這是一種被稱為「後小兒麻痺症候群」的併發症，疼痛，有時是劇痛，就像持續而尖銳的噪音一般，充滿了他的生活。

為了要讓身體不再虛弱下去，他竟大膽地嘗試以藥物治療自己。不論走到哪兒，他都隨身帶著人造皮製的手提包，裡面塞滿數十個橘色的塑膠藥瓶。每一、兩個小時，他就在醫藥包中摸索，瞇著眼睛看商標，再倒出成堆藥丸，不喝水就吞下，臉部扭曲。浴室的水槽裡擺滿了用過的注射器和空玻璃瓶，他的生活充滿了愈來愈多的類固醇、安非他命、興奮劑和止痛劑的處方箋，藥物也使得他從前令人敬畏的心智變得混亂。

他的行為愈來愈不理性，妄想症愈來愈嚴重，朋友全都被趕跑了；長久忍受這種折磨的母親，終於別無選擇地搬了出去。我父親跨越了瘋狂的界線，幾乎毀了自己的性命——而且還先確定我在場，才這麼做。

自殺未遂之後，他被送到波特蘭附近的精神病院。我去看他時，他的手腳都被綁在床邊欄杆上，語無倫次地咆哮，全身沾滿了糞便；他的眼神狂野，一會兒放出挑釁的光芒，一會兒又流露出無法理解的恐懼，眼珠深陷在眼窩裡，清楚地說明了他受折磨的心智狀態，教人心寒。當護理師想為他換床單時，他猛烈踢打，反抗施於他的束縛，大聲詛咒他們、詛咒我、詛咒命運。他萬無一失的人生計畫，最後把他送來這裡，送到這個夢魘一般的場所，這個反諷並沒有為我帶來任何快樂，更完全超出他的理解。

不願承認挫敗

另一個他沒有察覺的諷刺是，他依自己的形象塑造我，最後還是成功了，這個老傢伙其實培養了我偉大而熱烈的雄心，只是它在預期外的領域開花結果。他永遠無法了解魔鬼拇指山其實和醫學院具有相同的意義，只是領域不同。

我猜想一定是這種遺傳的異常雄心，使我在首次攀登史代肯冰帽失敗、甚至連帳棚都差點燒光之後，依然不願承認挫敗。第一次嘗到失敗後三天，我又回到北麓，這一次我只爬到冰川裂縫上方一百二十呎，就因驚慌失措和暴風雪的來臨而回頭。

然而，我並沒有回到冰帽上的營地，我打算整晚待在陡峭的山側，就在我攀爬的頂點之下。但這卻是個錯誤的決定，到了下午，風雪增大，雪以每小時一吋的速度降下，我蜷縮在營帳中，在冰川裂縫邊緣下，雪由冰牆上落下，嘶嘶作響，像浪花般打在我身上，緩緩地覆蓋我所在的這塊岩脊。

二十分鐘之內，雪花就蓋滿了我的臨時營帳；這是一層薄薄的尼龍封套，看起來就像裝三明治午餐的紙袋，只是比較大。營帳在雪花掩埋下只剩可供呼吸的裂縫，這樣的情況發生了四次，每次都得把自己從雪中挖出來。到了第五次，我終於受不了了，於是把所有裝備收到背包中，出發返回營地。

下山的過程極為駭人，因為風雪漫天，光線黯淡，令人無法分辨坡面和天空，我當然緊張，因為我很可能一腳踩空，由冰塔頂端垂直墜入半哩之下、陡峭的「巫婆大鍋」冰河中。等我最後抵達冰帽冰封的平原時，我發現我的足跡早已消失無蹤；我不知道如何在茫茫冰原上找出帳棚，只希望運氣好，能夠誤打誤撞地碰上。我繞圈滑了一小時的雪，直到腳陷入小冰隙中，才覺得自己好像白痴；我早該就地蹲下，等暴風雪過去。

我挖了個淺洞，把自己包在小帳棚袋中，在漫天飛舞的風雪裡坐在包裹上。雪花堆積在我身旁，我的腿也麻木了，濕冷的寒意由頸部瀰漫至胸膛，一波波襲來的雪也滲入我的雪衣，浸濕了我的襯衫。我想要是我有根香菸，只要一根，就可以喚回力量，安適地迎接這樣惡劣的情況，不再在乎整個險惡的旅程。我把小帳棚的袋子拉得更緊，包住雙肩，但風還是灌進我的背後。此時我已顧不了太多，將頭埋入臂彎，恣意地自憐自艾了起來。

我知道有些人死於山難，但當時只有二十三歲的我，對於死亡（我自己的死亡）依然還沒有什麼概念。當我由布爾德拔營前往阿拉斯加時，腦海中完全充滿了攀登魔鬼拇指山願望的實現及成功的榮耀，一點也沒想到自己可能會和其他人一樣，受相同的因果關係限制。因為我多麼渴望要爬這座山，因此天氣、冰隙或布滿白霜的岩石等小小的障礙竟會妨礙我的計畫，真是令人意外。

日落時分，風停了，最低的雲層距離冰河一百五十呎高，而我終於找到營地。然後，我毫髮無傷地回到帳棚，但不可否認的是，拇指山已經使我的計畫亂七八糟，我不得不承認，只靠意志，不論多麼堅強，都不能讓我登上北坡；而我最終發現，沒有任何事物可以助我登上北坡。

然而，要挽救這個計畫，還有一條路可行。一週前我曾滑雪到山的東南側，探勘我登上北坡之後打算下山的路，這也是登山界傳奇人物弗瑞德・貝奇（Fred

Beckey）一九四六年首次攀登拇指山時的路徑。當時，在貝奇的路線左邊，我注意到一條無人攀爬過的明顯路線，一條由冰形成的不規則網路，轉彎橫過東南坡面；我突然覺得，相較之下這是較容易登頂的一條路徑。但那時候，我覺得這條路不值得注意，如今，在登頂失敗之後，我已經有了放低眼光的心理準備。

五月十五日下午，當大風雪終於減弱之後，我回到東南坡，爬到一條狹長的山脊上，這條山脊緊鄰著較高的山峰，就像哥德式教堂的拱柱一樣。我決心在那裡過夜，在狹窄的山頭上，亦即山峰一千六百呎下。夜晚的天空冷清無雲，我可以直眺潮水，甚至更遠處。黃昏時分，我望著彼德茲堡的燈光在西方閃爍，凝視出神許久，這是自空投補給品之後，我與人類最親密的接觸；遙遠的燈光趁我不備，觸動了我澎湃的情感。我想像著人們看著電視轉播棒球賽；在燈光明亮的廚房中吃炸雞；啜飲啤酒；行魚水之歡。躺下來睡覺時，我不由得因強烈的寂寞而悲傷莫名，我從來沒有這麼孤獨的感覺，從來沒有。

當天晚上我夢魘不斷，有警察的追捕、吸血鬼和黑社會的私刑處決。隱約聽到有人細語道：「我想他在這裡……」，我一躍而起，睜開眼睛一看，太陽正要升起，整個天空是深紅色的，依然清朗，但可以看到薄薄的卷雲層已經布滿天空上方，西南地平線上，暴風雨的陰影也隱約可見。我穿上靴子，匆匆繫上防滑鞋釘。醒來後才五分鐘，我已經開始由野營之處朝外出發。

登上峰頂

我沒有帶繩子，也沒有帳棚或野營工具，除了冰斧之外，什麼都沒帶。我的計畫是輕裝速行，在天氣變壞以前攀上頂峰再趕回來。我鞭策自己，幾乎喘不過氣來，倉皇地向左攀爬，越過由塞滿冰的裂縫和短岩石階面連接起來的小雪原。攀爬稱得上有趣，岩石覆滿了大塊的支撐點，而冰雖然薄，陡峭的角度卻還不到七十度，但我很擔心由太平洋海面而來、造成整個天空都黯淡無光的暴風雨鋒面。

我沒有戴錶，不過應該只花了一點時間，就來到獨特的最後一塊冰原上。然而現在整個天空已布滿烏雲，看起來由左方攻頂比較容易，但若直接向上攀爬可能會比較快。我擔心在山峰上會遭暴風雨圍困，而且缺乏任何遮蔽，因此選擇直接朝上攻頂的途徑。冰愈來愈險峭，也愈來愈薄了，我揮舞著左手的冰斧，卻擊在岩石上；我再瞄準另一個點，又是沉悶的噹聲，敲上頑固的閃長岩。一次又一次，正和首次攻上北坡一樣。我朝雙腿下看，瞥到兩千呎以下的冰河，胃部不禁翻騰起來。

在我頭上四十五呎處，冰牆緩降成為山頂旁的斜坡。我僵硬地握著冰斧，一動也不動，內心因恐懼和猶豫而痛苦萬分。我再一次朝下看著垂直落下的冰河，再朝上看，然後刮掉頭上的冰屑。我把左冰斧尖鉤住岩石上如鍍鎳般薄的岩脊邊緣，測試一下它能承受的重量，它支撐得住，於是我把右冰斧由冰中拔出向上搆，把斧尖插入彎曲的半吋裂縫中，直到它固定為止。此時我幾乎喘不過氣來，奮力把腳往上移，掙扎著要把防滑鞋釘跨過結冰層。我左手盡量向上舉，因為不知道閃亮而不透明的冰層下面有什麼，所以我輕輕地揮動冰斧，斧尖發出響亮的噹聲，幾分鐘之後，我站在寬廣的突出石頭上，而峰頂，一塊由細長鰭狀岩石延伸出的古怪糕餅狀充氣冰塊，就在上方二十呎處。

脆弱的羽狀結霜層，讓我了解最後的二十呎依然是艱難、繁重而可怕的。但接著我突然了解我已沒有更高的地方可以往上攀爬，我覺得我乾裂的唇延展成痛苦的微笑，然後站上了魔鬼拇指山頂。

名不虛傳，峰頂是超現實、極端險惡的地方，是一塊布滿白霜的楔形狹長石塊，比檔案櫃大不了多少。這上面當然不適合閒晃，我跨坐在最高點時，右腳下的南坡直落兩千五百呎，左腳下的北坡更是直落兩倍的距離。我拍了幾張照片，證明自己來過這裡，又花了幾分鐘，試著把已經彎曲的冰斧弄直，接著起身，小心地轉過身來，踏上返程。

一週之後，我在雨中紮營海濱，驚訝地觀察著苔蘚、柳樹、蚊子，海水帶來濃厚的海洋生物的氣味。不久，一艘小艇駛進湯瑪斯灣，在我帳棚附近的海灘停下，駕駛者自稱吉姆·佛利曼（Jim Freeman），是來自彼德茲堡的伐木工人，他說當天他休假，這次來是為了要帶家人看冰河，順便尋找熊的蹤跡。他問我：「來做啥？打獵嗎？」

「不，」我靦腆地回答：「其實我才剛爬完魔鬼拇指山，我在那裡待了二十天。」

佛利曼用手撥弄甲板上的索栓，什麼話也沒說，他顯然不相信我，也看不順眼我糾結的及肩長髮和三週沒洗澡所發出的味道。我問他可不可以載我到城裡去，他不情願地說：「沒有什麼不可以。」

波浪起伏不定，我們花了兩小時橫越佛萊德瑞克海灣。我們聊起來之後，佛利曼變得比較和氣，但他還是不相信我爬過拇指山，不過等他把小艇駛入蘭哥海峽時，他假裝相信。他把船停靠在碼頭上，堅持請我吃芝士漢堡，然後邀我晚上待在他後院的報廢休旅車裡。

我躺在那輛舊車後車廂，卻睡不著，因此起身走到一家叫「基多洞窟」的酒吧。由彼德茲堡歸來時的幸福感和解脫感消退了，取而代之的是一陣突如其來的憂鬱。我在基多邂逅的人們似乎並不懷疑我是否真的登上魔鬼拇指山，事實上，他們只是不太在意。夜晚逐漸消逝，酒吧裡只剩我和最後一桌一個牙齒掉光的老印第安人。我一人獨飲，不停地向點唱機中投幣，反覆播放同樣的五首歌，直到女服務生氣憤地大吼：「喂！小子，讓我們休息一會兒好嗎？」我囁嚅著道歉，東倒西歪地朝門口走去，回到佛利曼的舊車裡。在那裡，充滿舊機油甜美的氣味，我躺在已經壞掉的排檔旁邊昏睡過去。

山巒不能承擔夢想

攀上拇指山頂後不到一個月，我又回到布爾德，為史普魯斯街的房屋釘壁板，這是我前往阿拉斯加之前工作的同一棟公寓。我加了薪，一小時四美元；夏天結束時，我搬出工作場所旁的拖車，住進鬧區購物中心西邊的套房公寓。

當你年輕時，很容易相信所有你想要的就是你該得到的，如果你十分渴望某件事物，就有權利得到它。那年四月我決心去阿拉斯加時，就像克里斯一樣，是個未經世事的年輕人，認為自己洞悉了一切，卻不知自己有的其實只是一腔熱血，而後便依據含糊不通的邏輯來行動。我以為攀登魔鬼拇指山能夠改變我的生活，當然，最後什麼也沒有改變。但這次經歷讓我了解，山巒並不能承擔夢想，尤其幸運的是，我能活著與大家分享我的故事。

我年輕時，有許多個性並不像克里斯，最重要的是，我既沒有他的聰明才智，也沒有他崇高的理想，但我相信我們同樣受到扭曲的父子關係影響，同時，我覺得我們擁有同樣的熱情、同樣的莽撞，以及同樣不安的靈魂。

我由阿拉斯加的冒險中倖存下來，克里斯卻犧牲了性命，這全是運氣的關係。要是一九七七年我沒有由史代肯冰帽歸來，人們可能也會說我有自殺的意圖，就像對克里斯的推論一樣。十八年後的今天，我知道當時的我也許因過度自負和過分天真而嘗到苦頭，但我完全沒有自殺的傾向。

年輕時，死亡對我而言，就像非歐幾里得（non-Euclidean）幾何原理或婚姻一樣，只是抽象概念。我根本不了解它的可怕結局，或是它可能對死者親愛的人所造成的傷害。我深受死亡的陰森神祕所惑，無法抗拒地悄悄走到命運的懸崖邊緣，向下窺探。隱藏在這些陰影下的提示使我害怕，但我還是驚鴻一瞥了某些東西，某些禁忌的自然之謎，就像女性隱祕而甜美的花瓣一樣，充滿強烈的吸引力。

我相信，我的情況和克里斯的情況——與尋死完全是兩回事。

第16章

反璞歸真

我期盼能夠擁有原始生活的簡約樸實、純真感受和種種優點；
期盼除去一切文明的矯飾習性、偏見和瑕疵……
期盼在西部曠野的孤寂和壯麗之中，
更真切地了解人性以及人心的傾向。
最好是雪季，讓我能體驗吃苦帶來的樂趣和危險帶來的新奇。

—— **伊凡斯，《一八一八年冬春，徒步走過西部各地四千哩的旅行》**
（Estwick Evans, *A Pedestrious Tour of Four Thousand Miles, Through the Western States and Territories, During the Winter and Spring of 1818*）

對厭煩人類和工作的人而言，曠野充滿了吸引力，
它不只讓人逃開社會，而且對於浪漫主義者而言，
更是以宗教般儀式試煉性靈的絕佳舞台。
曠野的孤寂和完全的自由，創造了完美的環境，
容許憂鬱，抑或狂喜。

—— **納許，《曠野與美國心靈》**
（Rodericl Nash, *Wilderness and the American Mind*）

一九九二年四月十五日，克里斯坐在一輛拖著向日葵籽的卡車前座，離開南達科他州迦太基市；他的「偉大阿拉斯加冒險」已經展開。三天後，他在英屬哥倫比亞羅斯維爾市越過加拿大邊界，搭順風車向北經過史庫克姆卻克、拉丁姆接點、路易斯湖、賈斯伯、喬治王子市和道森溪——他在這個市鎮中心拍了一張路標的照片，標示著阿拉斯加公路的正式起點。路標上寫著：「〇哩／費爾班克斯，一五二三哩。」

在阿拉斯加公路上搭便車很困難，道森溪市外路肩上，沿路經常可以看到十來個神情陰鬱的男女，伸著大拇指想搭便車，有的甚至一等就一週，甚或更久。但克里斯倒沒有碰到這樣的問題，四月二十一日，才離開迦太基六天，他就抵達了位於育空地區起點的賴爾德河溫泉區。

賴爾德河有一個公眾露營區，木板道路由此延伸半哩，越過沼澤，便是數個天然溫水池，這是阿拉斯加公路上最受歡迎的停靠站，克里斯決定要在這裡待一下，泡泡水、舒散一下筋骨。他泡完溫泉，打算再搭便車往北方去的時候，卻發現運氣變壞了，沒有人要載他。抵達賴爾德河兩天後，他依然心浮氣躁地滯留當地。

清爽的星期四早上六時半，地面還凍得結結實實，蓋洛・史塔基（Gaylord Stuckey）由木板道上走到最大的幾個池邊。他以為這裡除了自己之外，應該沒有別人了，因此當他發現已經有人在氤氳的水中時，非常驚訝。那名年輕人自稱是亞歷克斯。

蓋洛是個禿頭、開朗、紅光滿面的印第安納人。六十三歲的他在餐飲業服務了四十年，退休之後玩票兼差，從印第安納運送旅宿汽車到費爾班克斯一家車行。他告訴克里斯他的目的地時，這孩子大叫：「嘿，這正是我要去的地方！但我已經被困在這裡好幾天，想搭便車都搭不上，你介不介意我搭你的車？」

「哎呀，」蓋洛答道：「我很樂意，孩子，但我沒辦法，公司嚴格規定禁止讓人搭便車，這可能會害我丟掉工作。」

但他和克里斯在充滿硫磺氣息的煙霧中談得愈多，他也開始重新考慮這件事。「亞歷克斯儀表整潔，頭髮也剪得短短的，我可以由他的用字遣詞知道他很聰敏，並不像一般搭便車旅行的人。我對搭便車的人總是很有戒心，總覺得一個人如果連公車票都買不起，一定有什麼問題。無論如何，過了半小時後我說：『這樣吧，亞歷克斯，賴爾德離費爾班克斯有一千哩遠，我送你五百哩路，一直到白馬市；你可以從那裡再搭便車抵達目的地。』」

一天半之後，他們抵達了白馬市——育空地區的首府，也是阿拉斯加公路上最大、最有都會風味的都市。蓋洛很喜歡克里斯陪伴，於是他改變主意，同意讓克里斯搭完全程。蓋洛說：「亞歷克斯剛開始並不開朗，沒有說多少話，但這是個漫長的旅程，我們在顛簸的路上相處了三天，後來他似乎不再有心防。你知道嗎，他是個好孩子，謙恭有禮，從不用髒話罵人，也不用俚語，看得出他出身好家庭。他經常談起他妹妹，我猜他和家人處不來。他告訴我他爸爸是天才，是太空總署的火箭科學家，但他曾重婚——這教亞歷克斯很不以為然。他說自大學畢業以來，他已經好幾年沒見到父母了。」

克里斯坦白告訴蓋洛，他打算整個夏天獨自待在林中，遠離塵世。「他說這是他從小就一直想做的事，他說他不想看到任何人，不想看到飛機、不想看到任何文明的痕跡；他想要證明自己能夠獨立，不需要他人的幫助。」蓋洛說。

他們在四月二十五日下午抵達費爾班克斯。蓋洛帶克里斯到一家雜貨店，為他買了一包米：「然後亞歷克斯說他想要到學校去，查查看哪些是可食的植物，如漿果等等。我告訴他：『亞歷克斯，現在還太早，積雪還有兩、三呎高，地上什麼都沒長。』但他已經拿定主意，他很興奮能夠有機會上那裡去，開始冒險。」下午五點半左右，蓋洛開車到費爾班克斯西邊的阿拉斯加大學，讓克里斯下車。

蓋洛說：「讓他下車前，我告訴他：『亞歷克斯，我送你一千哩路，一連三天請你吃飯，你由阿拉斯加回來後，至少要寄封信給我。』他答應了。」

「我也請他打電話給父母親，我無法想像有什麼事會比兒子在外，卻多年不知下落，不知究竟是生是死更糟的了。我告訴他：『這是我的信用卡號碼，求你打電話給他們！』但他只說：『也許我會，也許我不會。』他離開之後，我才想到：『哎呀，我怎麼不留下他父母的電話號碼，自己打給他們？』但事情實在發生得太快了。」

蓋洛讓克里斯下車後，開車進城，把旅行汽車送到原先指定的車商那裡去，但卻發現驗收新車的人已經下班回家，下週一上午才會再來，蓋洛只得在費爾班克斯消磨兩天，才能搭機返回印第安納。週日上午，他還有空，於是回到阿拉斯加大學校園：「我希望能找到亞歷克斯，能和他再相處一天，帶他觀光或做點別的。我找了幾小時，開車四處尋覓，但卻連他的影子也沒瞧見。他已經走了。」

整裝待發

克里斯週六晚上向蓋洛告別後，在費爾班克斯附近又逗留了兩天，大半時間都待在大學裡。他在校園書店中，屬於阿拉斯加區最底下一層的書架上，找到一本悉心研究的該區可食植物實地指南：《塔那伊那植物指南——阿拉斯加中南部狄那伊那印第安族的民族植物學》（*Tanaina Plantlore/Dena'ina K'et'una: An Ethnobotany of the Dena'ina Indians of Southcentral Alaska*），作者是普利斯樂・卡瑞（Priscilla Russell Kari）。此外，他還由收銀員身旁明信片的架子上，挑了兩張北極熊的卡片，把他最後的音訊從大學郵局寄給韋恩和珍。

克里斯從分類廣告上看上一把二手手槍，一把半自動的點二二口徑雷明頓，有 4-×-20 的瞄準視野和塑膠槍柄。這是一種被稱為尼龍六六的手槍，已經不再生產，但很受阿拉斯加陷阱獵人的喜愛，因為它很輕，又很好用。他在某個停車場完成交易，可能花了一百二十五美元左右買下這個武器，接著又到附近的槍械店，買了四盒百發子彈。

克里斯在費爾班克斯完成最後準備之後，裝妥行李，開始由大學校園向西出發。離開校園之後，他走過地球物理研究所，這是一座混凝土建成的高大玻璃帷幕建築，屋頂上裝有很大的衛星碟形天線，也是費爾班克斯天空最獨特的地標之一，這個天線用來接收由華特所設計的合成孔徑雷達傳出的資料。事實上，華特在發射台創設時，曾經親臨費爾班克斯，也親手寫了一部分天線運作所需的軟體。克里斯走過地球物理研究所時，是否曾想到他父親？他並沒有留下任何紀錄。

迎著涼夜的寒意，克里斯在城西四哩一塊白樺圍繞、凍得結實的地上搭起帳棚，這個地方離可以俯視戈德希爾汽油站的山頂不遠。距營地五十碼處，是通往喬治帕克斯公路的斜坡路，這條路能帶他走向史坦必德小徑。四月二十八日一早醒來後，克里斯就著黎明之前的微亮走下公路，令他驚喜的是，第一輛經過的車就停下來載他一程。這是一輛灰色的福特小卡車，車後保險桿上貼著標語：「我釣故我在。彼德茲堡，阿拉斯加。」小卡車的駕駛人是一名電工技師，正要前往安克拉治，他的年紀比克里斯大不了多少，名叫吉姆・加利恩。

三小時後，加利恩將卡車朝西駛離高速公路，在一條積雪不化的小路上，盡量行駛到車子能到的最遠處。他讓克里斯在史坦必德小徑下車時，氣溫約在華氏三十度左右（約攝氏零度），晚上還會再降到十幾度左右。一呎半硬邦邦的春雪覆在地面上，克里斯幾乎無法克制他的興奮，他即將要單獨踏上阿拉斯加曠野了。

他充滿期待地在小徑跋涉，身穿假毛皮雪衣，步槍掛在肩上。克里斯所帶的唯一食物是一包十磅重的長米，還有加利恩給他的兩塊三明治和一袋玉米片。一年前，他只靠五磅米和用廉價釣竿釣起的魚，在加利福尼亞灣旁邊生活了一個多月，那次的經驗使得他充滿信心，認為他可以找到足夠的食物，在阿拉斯加的曠野中過得更長久些。

克里斯半滿的行李中，最沉重的是他的書：九或十本平裝書，大部分都是在尼蘭市時珍送他的。這些書中有梭羅、托爾斯泰和果戈里的作品，但克里斯並非專看大師作品；他只帶著他認為自己可能會喜歡的書籍，包括克萊頓（Michael

Crichton）、波西格（Robert Pirsig）和拉摩（Louis L'Amour）等人的暢銷作品。他忘記帶紙，因此在《塔那伊那植物指南》的空白頁上記下簡潔的日記。

走入曠野

史坦必德小徑位於希利的終點，在冬天，有許多徒步旅行者、越野滑雪者和雪地機動車迷來來往往，不過這些人大約在三月底或四月初，也就是結凍的河水開始融解時才會出現。在克里斯朝樹林走去之際，較大的溪流水面並未結冰，兩、三個星期以來都沒有人深入小徑，只有裝載貨物的雪地機動車在地面上留下的模糊痕跡供他依循。

克里斯出發的第二天就抵達泰克藍尼卡河，雖然河岸上還有溢水冰封形成的鋸齒狀淺灘，但河面上殘留的結冰已不足以形成冰橋跨越流動的河水，他只好涉水而過。一九九二年四月初，冰雪已經融解過一次，那年冰化得早，之後天氣又冷下來，因此克里斯渡河時，水位很低，也許最高只及大腿，於是他很順利就走到對岸；他從沒有想到，對他而言，橫越這條河，其實就像當年凱撒渡過義大利北部的魯比肯河和龐貝決戰時一樣，具有破釜沉舟的危險性。在克里斯缺乏經驗的想法裡，他一點也沒有想到，兩個月後，泰克藍尼卡河上游的冰河和雪原在夏天融化之後，所排放的流水會暴增九至十倍，使這條河變成既深且急的激流，和四月間他快活地涉水而過的小溪，完全不同。

由克里斯的日記中，我們知道，四月二十九日他在冰上的某處跌了一跤，可能是在泰克藍尼卡河西岸橫越一些海獺所築的水塘時發生的，不過沒有任何跡象顯示，他在這次跌倒中受了傷。第二天，他沿小徑攀上山頂，在這裡第一次看到麥金萊山眩目的白色堡壘。隔天，五月一日，離加利恩讓他下車的地點二十哩處，他發現了蘇夏納河畔的舊巴士，車內已備有床板和爐具，先前的訪客在這個克難的避難所裡，留下了火柴、防蟲藥等必備物品；他在日記中寫道：「神奇巴士日」。他決定借用它所提供的簡樸舒適，在這輛車子裡待一陣子。

他很高興能來到這裡。在巴士裡，在一片橫過破窗戶、飽受風霜的三夾板下，他草草寫下歡欣的獨立宣言：

兩年來他走遍各地，沒有電話、沒有游泳池、沒有寵物、沒有香菸。絕對的自由；一個極端主義者，一個唯美的旅人，他以旅途為家。他由亞特蘭大出走。你不該回頭，因為「西部是最好的」。如今經過兩年的漫遊，最後，最偉大的歷險終於來臨了。致力除去心中的虛偽，成功完成精神的朝聖。十天十夜的貨車和便車之旅，終於帶他到偉大的銀色北地。毋須再忍受所逃避的文明荼毒，他獨自走在大地上，迷失在曠野中。

亞歷山大．超級遊民

一九九二年五月

狩獵維生

然而，現實卻很快地打斷了克里斯的幻想。他沒辦法打到獵物，他在樹林中的第一週日記包括：「虛弱」、「被雪包圍」和「災難」。他在五月二日見到灰熊，卻沒有開槍射擊；五月四日，他開槍獵鴨但沒射中；五月五日終於射中一隻松雞，也下了肚，但後來卻一無所獲，直到五月九日，他獵獲一隻小松鼠，那時他在日記裡已經記載了「第四天飢荒」。

不過，不久之後，他的運氣急轉彎，愈來愈好。五月中，豔陽高照，陽光灑滿大松林，太陽每天落入北方地平線的時間不到四小時，即使午夜時分，依然明亮得足以閱讀。此時除了朝北的坡地和陰影中的峽谷外，地面上的雪堆已經化盡，露出前一季的玫瑰果實和越橘，足以讓克里斯大量採食。

他在狩獵方面的成績也愈來愈好。接下來六週，他經常可以吃到松鼠、松雞、鴨、鵝和豪豬。五月二十二日，他一顆臼齒的齒冠掉了下來，但這似乎沒有破壞他多少興致，因為第二天他爬上巴士北方三千呎高的圓形無名山崗，清楚地看見整個冰封的阿拉斯加山區，以及綿延數哩的無人曠野。他當天的日記一如往常一樣簡潔，但卻充滿歡樂地寫著：「**爬山！**」

克里斯已經告訴加利恩，他在樹林裡也打算不停地遷徙：「我要啟程往西走，」他說：「『也許我會一直走到白令海峽。』」五月五日，在巴士裡待了四天之後，他又重新展開了遊走。由美樂達相機中找到的快照來看，他似乎找不到（或是故意離開）如今已模糊不清的史坦必德小徑，朝西北越過蘇夏納河的山坡而去，邊走邊打獵。

他走得很慢，為了覓食，他每天得花大半的時間追蹤動物。隨著冰雪融化，所經的路徑變成了泥濘的厚苔沼，和無法穿越的赤楊木，此時克里斯才了解流傳在北方極地的金玉良言：「如果想穿越樹林經陸路旅行，寧可選擇冬天，而不要選擇夏日。」

因為原先打算步行五百哩前往海濱的野心明顯錯誤，克里斯重新考慮他的計畫。五月十九日，他才向西走到離巴士還不到十五哩的托克勒特河便折返。一週後，他又回到被棄的巴士，顯然並無遺憾。他認為蘇夏納河的流水湍急狂野，符合他的目標，而廢巴士也很適合做為整個夏天的基本營地。

諷刺的是，圍繞著巴士的曠野——克里斯決定要「迷失在曠野中」的這片繁茂野地，其實依阿拉斯加的標準來看，根本稱不上曠野。在它東方不到三十哩處，就是交通要道——喬治帕克斯公路；而北方十六哩處，也就是外山斜壁外，每天有數百名遊客經過由國家公園管理局巡邏的路，喧鬧地湧入狄納利國家公園。克里斯這位「唯美旅人」有所不知的是，就在距巴士方圓六哩之內，就有四間山林小屋（雖然在那年夏天沒有一間有人住）。

雖然巴士距離文明那麼近，但克里斯卻與世隔絕。他前後在樹林裡待了近四個月，這段期間他連一個人影也沒見到。最後，蘇夏納河這裡竟荒僻得足以讓他喪生。

五月的最後一週，克里斯把他僅有的少數幾件物品搬進巴士後，在一片像羊皮紙般的樺樹皮上，寫下了幾件要做的雜事：由河裡蒐集並貯藏冰塊，供冷藏肉類之用；用塑膠覆蓋巴士失蹤的窗戶；貯存木柴；由火爐中清除堆積的灰塵。而在標明「長期」的那一欄下，他列出了更具雄心的任務：為這個區域描畫地圖、製作克難浴缸、蒐集毛皮和羽毛縫製衣服、在鄰近的小溪上搭建一座橋、修理金屬餐具、在樹皮上刻記號，記錄打獵的路徑網。

在他回到巴士之後的日記裡，列出了許多狩獵的收穫。五月二十八日：「美味野鴨！」六月一日：「五隻松鼠。」六月二日：「豪豬、松雞、四隻松鼠、灰鳥。」六月三日：「又一隻豪豬！四隻松鼠，兩隻灰鳥。」六月四日：「**第三隻豪豬**！松鼠，灰鳥。」六月五日，他射下一隻如聖誕火雞那麼大的加拿大鵝；接著，六月九日，他獵得了最大戰利品：「**麋鹿！**」因為興奮，這名驕傲的獵人拍了一張跪在戰利品旁的照片，步槍得意地高舉在頭上，他的五官因驚喜得齜牙咧嘴而扭曲，就像失業的管理員到雷諾去賭博，結果竟然中了百萬美元彩金一樣。

飲食的道德

雖然克里斯很明白狩獵是在這片土地上生存不可避免的一環，但他仍對殺生一直有矛盾的想法。射殺這隻麋鹿之後不久，這種矛盾很快地變成了悔恨。牠並不太大，也許只重六、七百磅，但肉的分量依然很多。克里斯覺得如果浪費被射殺做食物的動物，在良心上說不過去，因此他花了六天時間，忙著在腐壞之前保存所殺的獵物。他在大群蚊蠅飛舞之下，屠宰了鹿的屍體，把鹿雜煮成燉菜，接著辛辛苦苦地在巴士下布滿石頭的溪岸表面挖了一個洞，試圖在巴士裡以煙燻製已經呈紫色的龐大肉片。

阿拉斯加的獵人都知道，在曠野中保存肉類最簡單的辦法就是把它切成薄片，在臨時搭成的架子上風乾。但克里斯卻天真地聽從了南達科他州獵人的話，他們教他煙燻。然而在當時他所處的環境下，這並不是容易的工作。他在六月十日的日記中記載：「屠宰非常困難，蚊蠅成群。取下了腸子、肝、腎、一枚肺、肉片，後臀部和腿丟入溪流。」

六十一日：「取下心臟和另一枚肺、兩隻前腳和頭，其餘丟入溪裡。拖到洞附近，嘗試用煙燻法保存。」

六月十二日：「取下一半的胸腔和肉排。只能在晚上工作，繼續煙燻。」

六月十三日：「把剩下的胸腔、肩部和頸部拖到洞裡，開始燻製。」

六月十四日：「已經長蛆了！煙燻似乎無效。不知道，一切好像災難。真希望沒有殺這隻麋鹿。真是我生命中最大的悲劇之一。」

此時他已經放棄保存鹿肉，也把殘餘的屍體拋給狼吃了。雖然他嚴厲地責備自己浪費這個他親手取得的生命，但一天之後，他似乎又恢復了一些希望，因為他的日記中記載著：「此後要學會接受自己的錯誤，不論多大的錯誤。」

在麋鹿教訓之後不久，克里斯開始閱讀梭羅的《湖濱散記》，在〈更高的法則〉那章之中，梭羅沉思飲食的道德。克里斯在如下的語句中劃了重點：「我捕魚、洗魚、煮魚，然後將魚吃下，但牠們似乎並未完全餵飽我，這行為既無意義也不必要，花費的力氣遠比結果高得多。」

克里斯在頁緣上寫下：「**麋鹿**」，同時，又在同一段文字上劃了記號：

厭惡以動物為食，並非出自於經驗，而是一種本能。許多時候，刻苦、簡樸的生活似乎更美，儘管我並未這麼做，但我所經歷的一切，卻足以讓自己感到愉快。我相信，每個曾經熱切想讓自己的心智維持在最佳狀態的人，都會特別不願以動物為食，也不願吃得太多……。

要吃得如此簡單、潔淨而不致阻礙心智能力，並不容易。不過，我想，當餵養我們的身體時，也應同時餵養我們的心智，身與心應同坐在一張餐桌上。我們或許已這麼做了，吃水果並不會讓我們為食欲而感到羞赧，也不會阻斷最具價值的精神追尋；不過，如果你在盤中放了多餘的加味料，卻會讓一切前功盡棄。

「是的，」克里斯寫著。兩頁後，他接著寫：「感覺食物；專心地吃，專心地煮……神聖的食物。」在書中他用來寫日記的最後幾頁上，宣告著：

我再生了，這是我的黎明，真正的生命才剛開始。

用心的生活：對生活的本質有著警醒的關注，並持續注意周遭的環境及與其相關的事物，例如，工作、任務、書及任何需要有效專注的東西（環境本身沒有價值，而是人如何和環境建立關係，才有價值。所有真正的意義存在於個人與現象之間的關係，也就是存在於它對你的意義）。

食物偉大神聖，維持生命的熱度。

實證主義，生命美感無法凌越的歡樂。

絕對的真理和誠實。

現實。

獨立。

終結——穩定——持續。

關鍵性的挫敗

克里斯逐漸停止自責浪費麋鹿，恢復五月中旬的滿足心情，一直持續到七月初。其後，在這簡單美好的情境中，卻出現了兩個關鍵性的挫敗。

克里斯顯然很滿意他這兩個月來從曠野的孤獨生活中所學到的事物；他決心回歸文明。該是把他「最後、最偉大的冒險」劃上終點的時候，該是讓自己回到男人與女人的世界的時候，讓他能夠舉杯豪飲，大談哲學，以自己的故事讓陌生人傾心。他似乎不再這麼斷然地主張他的自主權，主張他和父母分離。也許他已經準備要原諒他們的不完美，甚至準備要寬宥自己的不完美。克里斯甚至也許已經做好回家的準備。

或者，也許還沒有；我們只能猜測他步出曠野之後打算做什麼。然而，至少他打算走出來，這點是毫無疑問的。

出發前，他在一片樺樹皮上寫下要做的工作：「縫補牛仔褲，刮鬍子！打包……」不久之後，他把美樂達相機放在空油桶上，拍了一張自己揮舞著黃色拋棄式刮鬍刀，在鏡頭前露齒而笑的照片，臉上刮得乾乾淨淨，用軍毯剪下來的補釘，縫在骯髒牛仔褲的膝頭。他看來健康，但卻瘦得可怕，他的兩頰深陷，頸部的肌腱突出，看起來就像繃緊的電線。

七月二日，克里斯讀完托爾斯泰的《家庭幸福》，在幾段使他感動的文字下劃了線：

> 他說人生中唯一確定的快樂，是為他人而活，他說對了……
>
> 我已經經歷了很多，現在我覺得自己已經找到幸福所需要的東西。在鄉野間安靜而隱密的生活，對善良而不習慣接受他人恩惠的人們有所助益；做些可能有益的事，然後休息、自然、書本、音樂、對鄰人的愛——這是我關於幸福的理想。再來，最重要的，你得找個伴，也許還要孩子——一個男人還能期待什麼更多的東西呢？

七月三日，他背起背包，開始二十哩的步行，想走到路況較好的路上。兩天之後，已經走了一半，他在大雨中抵達海獺築的水塘區，這些水塘阻斷了通往泰克藍尼卡河西岸之路。四月的時候，這些水塘是冰封的，沒有任何障礙，如今他一定很驚訝地發現，有個三英畝大的湖淹沒了小徑。為了避免涉水穿過幽暗及胸的湖水，他爬上險峭的山坡，繞過北邊的水塘，然後又向下走到峽谷口的河邊。

他第一次渡河，是六十七天前在四月的寒凍氣溫時，當時這裡是冰雪尚未完全融化，但水深僅及膝部的溪流，只要涉水走過即可。然而，七月五日，泰克藍尼卡河滿是河水，因雨水和阿拉斯加山上冰河融雪而高漲，既冰冷又湍急。

如果他可以走到遠處的河岸，要走上公路就容易了，但要抵達那裡，他得順利通過一個近百呎寬的河道。河水因為冰河的沉澱而混濁，顏色呈濕水泥的色澤，只比它原本結冰時的溫度稍高幾度。河水太深，無法涉過，且發出貨車般隆隆的聲音。這強勁的急流可能很快便會使他失足，並順水沖走。

克里斯並非游泳好手，也曾向好幾個人坦承他其實很怕水。嘗試游過冰得教人四肢麻痺的急流，或甚至臨時製作筏子划過水面，都太危險，不值得考慮。就在小徑和河流交會處的下游，泰克藍尼卡河水沖激成一片混沌的翻騰白沫，加速衝過狹窄的峽谷。早在他可以游到或划到遙遠的對岸之前，就會捲入急流溺斃。

他在日記中寫道：「災難……雨水淹積。恐怕不可能過河。孤單、害怕。」他正確地下結論說，如果他想在這裡、在這個情況下渡過泰克藍尼卡河，恐怕會被捲入洪流溺死。這簡直是自殺，絕無可能。

如果克里斯朝上游走一哩左右，就會發現河流變寬，成為錯綜複雜的河道。如果他仔細地偵察，經由嘗試錯誤，就會發現這些河道在某處其實深只及胸。雖然水流湍急，必定會使他失足，但在向下游漂流時，藉著狗爬式和足踮河底載浮載沉，應該可以在捲入河道或體溫過低之前，盡一切方法橫渡對岸。

但這還是非常大膽的提議，當時克里斯並不需要冒這種險。他在曠野中自給自足，他可能知道，如果他耐心等下去，河水最後會降到可以安全涉過的程度，因此在權衡之後，他選擇了最謹慎的做法，轉身朝西走，回到巴士，回到曠野的變化無常中。

第17章

探索靈魂的原鄉

在這裡，大自然雖然美麗，但同時也是野蠻可怕的。
我敬畏地看著腳下的土地，看看諸神究竟創造了些什麼，
看看祂們的傑作的形體、構造和材質。
這就是我們所認識的地球，從混沌和黑暗中孕育誕生。
這裡不是任何人的花園，而是尚未使用的地球；
它不是草地，不是牧場，不是林地，
不是草原，不是耕地，也不是荒原。它是地球清新自然的外表——
我們所謂的人類居所，由大自然所創造，人類可以任意使用。
但人類無法和它結合，它是根源，浩瀚而美麗
——並非我們曾經聽說的大地之母，也不容人類踐踏或埋骨
——不，它太熟悉，不容人類埋骨其間——這是命定之所。

在其間，我們可以很清楚地感受到一股毋須對人類仁慈的力量，
這是偶像崇拜和迷信之地，
是比我們更親近岩石和野獸的人類親屬居住之地。
……試著想像進入博物館中觀賞無數特殊的事物，
和觀賞某顆星星的表面或其中的冷硬物質比較起來是什麼樣！
我敬畏我的身體，對這副限制我的皮囊是多麼陌生；
我不怕任何我身體可能害怕的幽靈鬼怪，因我自己就是其中之一，
但我害怕身體，面對它們令我不寒而慄。
究竟這個占有我的天神是什麼？
談談神祕吧！想想我們在大自然中的生活——
每天會遇見的事物，每天接觸的事物：
岩石、樹木、拂面的風！實在的地球！眞實的世界！常識！接觸！接觸！
我們究竟是誰？我們究竟何在？

——**梭羅，〈卡塔丁〉（Ktaadn）**

在克里斯放棄渡過泰克藍尼卡河的一年又一週後，我站在河對岸——東岸公路這邊，看著翻騰的河水。我也想要渡河，想親訪巴士，想看看克里斯死亡的地點，以便進一步了解這一切為什麼發生。

這是個又熱又濕的下午，覆蓋著阿拉斯加山區的冰河積雪迅速融化，河水水量暴增且混濁。如今水量看來比十二個月前克里斯拍照時低得多，但想試著涉水而過這條滾滾的仲夏洪流，依然是不可想像的事。水太深、太冷、太急，凝視著泰克藍尼卡河，我可以聽到如保齡球般大小的石塊碾過河床，被強勁的水流帶著滾向下游的聲音。我隨時有可能被捲離岸邊，掉進緊鄰的峽谷深處，峽谷把河谷限制為一湍急流，連續五哩毫無間斷。

然而我和克里斯不同的是，在我背包後面有張一比六三三六〇比例尺的地形圖（也就是圖上一吋代表實際地形一哩的地圖）。地圖十分詳盡，上面標示了在下游半哩處，就在峽谷的狹窄通路上，有美國地質研究所的測量站。我和克里斯不同的另一點，是我有三個同伴：阿拉斯加人羅曼・戴爾（Roman Dial）和丹・索利（Dan Solie），以及戴爾的加州友人安得魯・李斯克（Andrew Liske）。由史坦必德小徑連接河流的那頭，看不到測量站，不過在針樅和矮白樺間努力開路約二十分鐘之後，戴爾喊道：「我看見了！就在那邊！大概一百碼左右那裡！」

到測量站後，我們看到了一吋厚的鋼纜橫跨峽谷，架設在河這邊十五呎高的塔和四百呎遠的對岸之間。鋼纜架設於一九七〇年，目的是記錄泰克藍尼卡河每一季的變化；水文學者藉著用滑輪懸吊在鋼纜上的鋁籃在河上往返，由籃中垂墜加重的鉛錘線，以測量河的深度。九年前測量站已因缺乏經費而撤離，當時鋁籃應該是用鏈條鎖在我們這端的塔上（公路這邊）；但當我們爬上塔時，鋁籃卻不在那裡。我望著急流的河水，可以看到鋁籃就在峽谷遠方的岸邊——巴士那邊。

原來有些本地的獵人已經切斷鍊條，乘著籃子過河，並把它留在那一頭，以免外人輕易越過泰克藍尼卡河，踏上他們的地盤。克里斯一年前嘗試走出樹林時，鋁籃就在現在的位置，在他所在的峽谷那端。如果他早知道這件事，越過泰克藍尼卡河，抵達安全之所就易如反掌。但他沒有地形圖，根本不知道救援就在身邊。

克里斯高中越野賽跑隊的朋友霍洛維茲曾想過：「克里斯生錯了時代，他尋找的是如今社會所不能給予人的冒險和自由。」克里斯前來阿拉斯加，主要是希望在未知的蠻荒中流浪，在地圖上找到一塊空白之處。然而在一九九二年，地圖上已經沒有任何空白點——不但阿拉斯加沒有，任何地方都沒有。但克里斯卻依著自己特殊的邏輯，找出一個解決這種困境的好方法：他乾脆不用地圖。至少在他心中，這塊土地就是無名之地。

沒有好的地圖，克里斯不知道有一條鋼纜橫跨河上，因此他研究泰克藍尼卡河洶湧的急流後，下了錯誤的判斷，認為不可能達到東岸。他以為自己逃生之路已遭截斷，因此回到巴士之中——基於他對地形的陌生，這是合理的舉動。但他為什麼待在巴士裡，直到餓死為止？為什麼他不在八月水位較低較安全時，再次嘗試渡河？

我對這些問題感到困惑和苦惱，因此希望費爾班克斯一四二號公車生鏽的廢車廂，能夠給我一點線索。但是要抵達巴士邊，我也得過河，而鋁籃卻依然在河的那一頭。

我站在鋼纜東端支柱的塔上，用攀岩工具將自己繫在鋼纜上，雙手交替拉動，進行山友所謂的「提洛爾式橫渡」（Tyrolean traverse），開始把自己拉過河去。這個方法比我預期的困難得多，二十分鐘之後，我終於把自己拉到對岸，筋疲力竭，雙手幾乎舉不起來。喘過氣來後，我爬入寬兩呎、長四呎的長方形鋁籃中，解開鎖鍊，回到峽谷東方接我的同伴過河。

鋼纜在河中央下垂嚴重，因此當我由這端鬆開鍊條時，籃子就因它本身的重量迅即加速，沿著鋼纜愈滑愈快，朝最低點衝去，真是一趟驚險的過程。我以二、三十哩的時速越過急流前進，聽到自己的喉嚨發出一陣不由自主的驚恐叫喊，直到明白自己並沒有危險，才又恢復鎮定。

我們四人都到達峽谷西邊之後，又花了三十分鐘砍伐樹林前進，好不容易才回到史坦必德小徑。我們之前走過的十哩小徑——從我們停車處到河水之間的路段，是路況不錯、標示清楚，且較常有人經過的路段，但接下來的十哩路，狀況則完全不同。

因為很少人在春夏月分渡過泰克藍尼卡河，因此大部分的路徑都不明顯，而且灌木叢生。就在過河後，小徑向西南蜿蜒，向上通往湍急的溪床。由於海狸已經在溪上精心建造了堤壩網，因此小徑直接穿越三英畝左右的沉滯水域。海狸塘從不會超過及胸的高度，但水很冷，而且隨著我們在水裡向前移動，我們的腳也使河底的汙物翻騰，發出陣陣腐爛泥沼的瘴氣臭味。

小徑越過最高的水塘，攀上山坡，重新和蜿蜒崎嶇的溪床會合，然後向上通往植物叢生的樹林。路並不是特別難走，但由兩旁逼近的十五呎高的赤楊糾結在一起，陰鬱而恐怖，教人透不過氣來。成群的蚊子在悶熱中飛舞，每隔幾分鐘，蚊子刺耳的叫聲就被遠處的雷聲蓋過，雷聲由堆積在地平線上的陰暗積雲發出，在松林中隆隆作響。

成叢的灌木在我的腳脛上留下了交錯的傷口，成堆的熊糞堆在小徑上，一度還可看見灰熊剛留下的痕跡——每一個腳印都是一般八號大靴印的一倍半大，令我十分緊張，因為我們都沒有槍。「喂，灰熊！」我向矮樹叢大喊，希望能避免不期而遇的情況：「喂，灰熊，我們只是經過，不要生氣！」

過去二十年，我已經來過阿拉斯加二十多次——爬山、當木匠、捕鮭人、記者或者遊蕩。在這麼多次的遊歷中，我經常獨自在荒野，也喜歡這樣的經驗。其實，我本來打算獨自前來尋找巴士，當我朋友戴爾不請自來，還帶了兩名朋友時，的確令我不滿。然而，現在我卻很感激有他們的陪伴。在這個未開化、樹叢茂密的景色中，的確有某種令人焦慮不安的因素，感覺起來比其他地方更加邪惡，比我所知道更偏遠的地區——布魯克斯山脈苔原覆蓋的斜坡、亞歷山大群島如雲的森林，甚至狄納利斷層冰封且飽受風襲的高頂還要邪惡。我真高興自己不是獨自在這裡。

是麋鹿而非馴鹿

晚上九時，我們繞過小徑中的一個彎道，在一小塊空地邊緣看到了巴士。粉紅色的雜草叢長得比輪軸還高，阻塞了車輪框。費爾班克斯一四二號公車就停在白楊樹叢旁，位於小斷崖邊緣十碼處，亦即俯瞰蘇夏納河和小支流會合點的高地後方。這是個相當迷人的環境，開闊而光線充足，很容易了解為什麼克里斯決定在這裡設營地。

我們在距巴士有段距離處停下來，靜靜地看著它，它的漆已經斑白剝落，有幾扇窗戶也已不見，數百支細骨頭散落在車旁的空地上，散布在數千支豪豬刺之間——這些是克里斯食用的小獵物的骨頭。在這個獵物墓園周邊，有一個大得多的骨架——那是他射下後悔恨交加的麋鹿（moose）殘骸。

在山繆和湯普森發現克里斯的屍體後不久，我曾向他們請教了一些問題。他們斬釘截鐵地表示，這個大骨架是馴鹿（caribou）的殘骸，而且還嘲笑新手克里斯竟然把馴鹿當成麋鹿。湯普森告訴我：「狼弄散了一些骨頭，但這隻動物顯然是馴鹿，這孩子根本不知道他在這裡做什麼。」

「絕對是馴鹿，」山繆輕蔑地插嘴：「我在報紙上讀到他自以為射下一隻麋鹿時，立刻就知道他絕不是阿拉斯加人。麋鹿和馴鹿差別可大了，真的差很多，連這都分不清，實在夠愚蠢了。」

山繆和湯普森都是阿拉斯加的老獵人，曾射殺過很多馴鹿和麋鹿。由於相信他們兩人的說法，我為《戶外》雜誌寫稿時，據實報導了他們的說法，因而更堅定了許多讀者認為克里斯準備不足，或認為他根本就不該進入曠野，更不必提進入號稱「最後邊疆」的阿拉斯加曠野等看法。一名阿拉斯加記者寫道，克里斯之死不僅是因為他的愚昧，而且「因為他自稱的冒險範圍小得可憐——窩在距希利不遠處的廢棄巴士裡，射擊松鴉和松鼠，把馴鹿當成麋鹿（不該犯的錯）……只有一個詞可以形容這個傢伙——無能。」

幾乎我接到的所有抨擊克里斯的信中，都將他誤把馴鹿當成麋鹿，做為他一點也不知道如何在曠野生存的佐證。然而這些憤怒的來信者卻不知道，克里斯所射殺的有蹄動物，的確就是他所說的麋鹿。和我在《戶外》雜誌中的報導相反，事後將那隻動物的遺骨和克里斯所拍的照片仔細檢驗的結果，證實了牠應是麋鹿沒錯。這個孩子也許在史坦必德小徑上犯了些錯，但他可沒有把麋鹿和馴鹿搞混。

我走過麋鹿的骨頭旁，從車後的逃生門進入車內，一進門就是破床墊，骯髒而破損，克里斯就是在這裡走完人生的。不知為什麼，我因他散落在被套上方的遺物而感到吃驚：一個綠色的水壺、一小瓶淨水錠、已經用完的護唇膏、在軍備品店中買的絕緣飛行褲、書背已經破了的平裝暢銷書《哦，耶路撒冷！》、羊毛手套、一瓶驅蟲劑、一整盒火柴，和一雙棕色的橡皮工作靴，在靴筒內緣以淡淡的黑墨水寫著「加利恩」的名字。

雖然窗戶已經不見，但在這輛洞穴般的車子裡，空氣依然陳腐霉臭。戴爾說：「哇！這裡聞起來好像有死鳥似的。」一會兒我就找到臭味的來源：一個塑膠垃圾袋內裝滿了鳥的羽毛、絨毛和切下來的翅膀。克里斯可能打算保存它們，當作衣服的絕緣體或做羽毛枕之用。

在巴士前半部，克里斯把瓶罐碗碟堆在煤油燈旁臨時拼湊的三夾板桌子上。另外還有一個非常專業地壓出「R．F．」縮寫字樣的長皮製刀鞘，這是隆納德在克里斯離開沙爾頓市時送給他的彎刀刀鞘。

這孩子的藍色牙刷旁是用了一半的高露潔牙膏、一包牙線，以及日記上提到他在此逗留三週時掉下來的黃色臼齒齒冠。再過去一點放著西瓜大小的頭骨，象牙般的粗獠牙由突出的上顎中伸出來，這是熊的頭骨，由在他之前幾年來到巴士的人所射殺。克里斯工整的字跡在頭蓋骨的子彈孔外圍寫著：「向熊靈致敬，我們心中的野獸。亞歷山大．超級遊民，一九九二年五月」。

我朝上看，發現金屬的車廂薄板畫滿多年來無數訪客所留下來的塗鴉。戴爾把他四年前為了爬阿拉斯加山，待在巴士時寫的留言指給我看：「吃麵族前往克拉克湖，八九年八月。」就像戴爾一樣，大部分的人都只潦草地寫下他們的姓名和日期。最長、最滔滔不絕的塗鴉，是克里斯的留言之一，是歡樂的宣言，以他最喜愛的羅傑．米勒（Roger Miller）的歌詞起頭：「兩年來他走遍各地，沒有電話、沒有游泳池、沒有寵物、沒有香菸。絕對的自由；一個極端主義者，一個唯美的旅人，他以旅途為家……」

爐灶就在這個宣言的下方，是用生鏽的油桶做成的。十二呎粗的針樅樹幹被塞在打開的灶門口，木頭上披著兩條破的李維牛仔褲，掛在那裡好像等著曬乾一樣。其中一條——腰三十、褲襠三十二，隨隨便便地貼著銀色的電線膠帶，另一件則比較細心地用褪色的床罩布塊，縫在膝蓋和臀部的裂口上，還用一條毯子製成腰帶，我想克里斯一定是瘦得沒有腰帶就無法撐住褲子，因而不得不製作這條腰帶。

我坐在爐灶對面的鋼床上，對著這陰森的畫面。我眼光所到之處，都可以見到克里斯曾經存在的痕跡。這裡是他的指甲剪，那裡是他的綠色尼龍帳棚，掛在門前已經失蹤的窗戶上。他由凱馬特超市買來的登山靴，整整齊齊地排列在火爐下，彷彿他很快就會回來穿上靴子上路似的。我覺得很不舒服，彷彿闖入了他的領域，覺得自己好像是趁著克里斯暫時不在時，溜進他房間裡的偷窺者。突然間我開始反胃，跌跌撞撞地走出巴士，沿著河流，邊走邊呼吸新鮮空氣。

克里斯 VS. 福蘭克林

一小時後，我們在逐漸黯淡的光線下升起了火。暴風雨已經過去了，滌淨了天空中的陰霾，遙遠泛光的山坡清晰地浮現出來，火紅的夕陽餘暉在西北地平線的雲底燃燒。戴爾取出一些去年九月他在阿拉斯加山所射的麋鹿肉，放在已經燒黑的烤架上，這是克里斯用來炙烤獵物的烤架。鹿肉的脂肪爆開，滴在煤炭上嗤嗤作響。我們用手拿著多軟骨的肉，一邊拍蚊子，一邊談論這個我們從沒見過的怪人，試著理解他怎麼會失敗，為什麼有些人因為他死在這裡，就這麼強烈地輕視他。

克里斯事先準備的食糧本就不足，同時也缺乏有些阿拉斯加人覺得必要的裝備：如大口徑的來福槍、地圖、指南針和斧頭。人們覺得這不只是愚蠢，甚至是更嚴重的罪行——自大。有些批評者甚至把克里斯和北極最聲名狼藉的悲劇人物約翰·福蘭克林爵士（Sir John Franklin）相提並論，他是十九世紀英國的海軍軍官，因自負和傲慢造成了他自己和一百四十人的死亡。

一八一九年，英國海軍總部指派福蘭克林帶領探險隊，前往加拿大西北部的曠野。離開英國後兩年，他們在一片遼闊空曠的苔原間緩緩前進，他們把這塊苔原稱作瘠地（the Barrens），這個名稱至今依然流傳。冬天來襲時，他們的食物吃完了，獵物又稀少，福蘭克林和隊員只好以石頭上刮下來的青苔、燒焦的鹿皮、動物的骨頭、自己靴子的皮革為生，最後他們竟然吃夥伴的肉。在嚴酷的旅程結束之前，至少有兩人已經被殺害食用，嫌犯立刻被處決，另有八人也因疾病和飢餓而死亡。福蘭克林自己則在瀕死邊緣掙扎，幸而和其他倖存者被一群白人和印第安的混血兒所救。

福蘭克林是一名和善的維多利亞時期紳士，但據說他食古不化、頑固而愚蠢，有著孩童般的天真理想，卻不屑學習在曠野中存活的必備技巧。他領導北極探險的事前準備不足，但回到英國後，卻以「吃靴子的人」聲名大噪——這個綽號是以充滿敬畏而非輕蔑的態度而取的。他被當成全國的英雄，由海軍總部拔擢為海軍上校，有人斥巨資請他寫下歷險的過程。一八二五年，他又受命第二度赴北極探險。

這次的任務比較順利，但到了一八四五年，福蘭克林希望能找到傳說中的西北航道，於是第三次回到北極。這次旅程是個錯誤，他和所率領的一百二十八名隊員此後杳無音訊。根據四十餘名奉派去尋找他們的探險隊員最後找到的證據顯示，他們全軍覆沒，因壞血病、飢餓，以及無法形容的痛苦折磨而死。

克里斯被拿來和福蘭克林相提並論，不只是因為兩人都死於飢餓，也因為人們覺得兩人都缺乏必要的謙遜——對這塊土地的尊敬都不夠。在福蘭克林死後一世紀，聞名的探險家維爾哈默．史蒂芬森（Vilhjalmur Stefansson）指出，這名英國探險者從未費心學習印第安人和愛斯基摩人所用的生存技巧，這些人在福蘭克林喪命的同一片殘酷曠野中，已經生存了「許多世代，養育子女，照顧長輩」（但史蒂芬森卻沒提到，其實也有許多印第安人和愛斯基摩人一樣在北方曠野中餓死）。

不過克里斯的驕傲和福蘭克林不同。福蘭克林把大自然想成敵手，認為它必定會屈服於武力、良好教養和維多利亞式的紀律之下。他並沒有和大地和平共存，不像土著一般依賴這塊土地維持生計，他試著以不合適的軍備武器和傳統，把自己和這塊北方領土完全隔絕。而克里斯的做法卻正巧極端相反，他想要完全靠曠野而活——而且他在還沒完全掌握必要技巧之前，就嘗試著這麼做。

此外，指責克里斯準備不周，可能並不適當。他的確是生手，也高估了自己的適應性，但他的技巧卻足以讓他在那兒持續待了十六週，所依賴的只是自己的智慧和十磅重的米。而且他也很明白在進入曠野時，只能容許自己有極小的失誤。他完全知道自己面臨著什麼樣的危險。

危險是一種誘惑

年輕人受到長輩覺得魯莽的目標吸引，是稀鬆平常的事；追尋危險的行為，在我們和其他文化中，都是成長儀式的一部分，危險已經成為一種誘惑；這是為什麼許多青少年開車太快、飲酒過多、嗑藥過量，也是為什麼各國這麼容易就招募到年輕人上戰場的主要原因。我們可以說，年輕時的大膽行為，其實在演化上是適應力的表現，是隱藏在基因之中的行為。克里斯只是以他自己的方式，把冒險行動發揮到極致。

他有一種「以他自認重要的方式，測試自己能耐」的需要；他擁有極大的——有些人卻認為浮誇的精神野心。根據形成克里斯信念的道德絕對主義，確保成功結果的挑戰，根本不算是挑戰。

當然，並不只是年輕人會受到冒險志業的吸引。鼎鼎大名的繆爾是講求實際的保育主義者，以及喜艾拉山友會（Sierra Club）的創辦人，但他同時也是大膽的探險家、勇敢的高峰、冰河和瀑布攀爬者，在他最出名的文章中，談到了自己一八七二年攀爬加州瑞特山時差點摔死的經過，過程扣人心弦。在另一篇散文中，他歡喜地描述自己刻意攀在一百呎高的道格拉斯樅樹最高枝上，抵擋凶猛強烈的喜艾拉山風的經過：

我從未享受過運動引起的這樣高亢的快感。細長的樹梢不停地飄搖，在激烈的氣流中搖擺揮舞，隨著無法形容的垂直和水平曲線，前後彎曲旋轉，一圈又一圈，而我以緊繃的肌肉支撐著，就像蘆葦上的食米鳥。

當時他三十六歲。這令人覺得繆爾並不會認為克里斯太古怪或無法理解。甚至以穩重沉著、嚴謹著稱的梭羅，雖然曾經有「在康考特附近往來」就夠了的名言，但仍覺得有必要拜訪十九世紀緬因州可怖的曠野，攀爬卡塔丁山。攀爬這座山峰「狂野恐怖但美麗」的堡壘，使他吃驚害怕，但也激起他的敬畏之心。他在卡塔丁山花崗岩高峰上所感受到的焦慮不安，啟發了他最有力的作品，也加深了後來他對大地粗野不馴的想法。

和繆爾及梭羅不同，克里斯深入曠野，並不是為了詳細思考大自然或世界的一切，而是為了探索他自己靈魂的原鄉。然而，他很快就發現繆爾和梭羅早已了解的事：在曠野中待得長久，無可避免地會使人對外在或內心的世界更加注意；住在曠野，但對大地和它所容納的一切，沒有微妙的了解或強烈的情感依附，是不可能的。

克里斯的日記內容很少有對曠野的想法或沉思，也很少提到周遭的景色。戴爾的朋友李斯克在讀這些日記的影印本時指出：「日記內容全都在記載他所吃的食物，除了食物，別無其他。」

李斯克並沒有誇張，日記記載著的是一大堆他採集的植物名稱，和他殺死的獵物。不過若因此說克里斯沒有領略周遭曠野的美，或說他不為景色所動，恐怕也是種誤解。文化生態學者薛帕德曾說：

這名遊牧的貝都因人並不欣賞美景，不描繪景物，也不編纂不實用的自然史……。他的生活和大自然如此息息相關，因而生活中無法容納或單獨分離出抽象、美感或自然哲學……等。大自然和他之間是一種非常嚴肅的關係，由習慣、神祕和危險所形成，他餘暇時不可能花在無所事事的娛樂，或是無聊地干涉大自然的過程中。但從生活中，他對於眼前的世界、土地、變化莫測的天氣，以及賴以生存的有限空間，自然能有所領悟。

同樣的情況，也發生在克里斯待在蘇夏納河邊那些日子裡。

我們很容易就會把克里斯當成又一個太多愁善感的孩子，一個讀太多書卻缺乏常識的年輕人，但這樣的形象其實並不合適，克里斯並不是無能的逃避現實者，他並未因存在的絕望而感到茫然、迷惑或痛苦。相反的，他的生命充滿了意義和目的，但他過度扭曲了生存的意義，他不相信輕易得到的事物價值，他自我要求很高，甚至遠超過他可以負擔的程度。

永遠無解的謎

如果試圖解釋克里斯的奇特行為，有些人認為他就像約翰．瓦特曼，由於身材矮小，因而可能有「矮子情結」，這種先天上的不安全感，迫使他藉著極端的體能挑戰來證明自己的男人氣概。另外有些人則斷定，戀母情結導致了他最後致命的流浪之旅。雖然也許兩種假設中都含有真實的成分，但這種馬後炮式的現成心理分析，是令人質疑且非常投機的做法，無可避免地貶低了這位不在場的受分析者。貶抑克里斯奇特的精神追求，視之為心理異常，並沒有什麼太大的意義。

戴爾、李斯克和我凝視著餘燼，談論克里斯直到夜深。三十二歲的戴爾好追根究柢，個性坦率，擁有史丹福大學生物博士學位，對傳統知識一向抱持懷疑態度。他和克里斯一樣，在華府郊區度過少年時期，覺得那裡氣氛非常壓抑。九歲時，他首度來到阿拉斯加，探望在希利東方數哩尤斯貝利市挖煤礦的三個叔叔，結果立刻愛上北方的一切。之後多年，他經常重返阿拉斯加。一九七七年，十六歲的他以班上最優異的成績由高中畢業，然後搬到費爾班克斯，把阿拉斯加當成永恆的家。

戴爾目前在位於安克拉治的阿拉斯加太平洋大學執教，以長形岩石曠野山脈歷險而享譽全州；他另外幾項偉大的成就包括：徒步走過布魯克斯山脈整整一千哩；在華氏零下的氣溫下，滑過兩百五十哩的雪地，越過北極國家野生保育區；橫越七百哩阿拉斯加山頂峰；率先登上三十座以上的北方的山峰和峭壁。除了克里斯因運氣不好而死亡外，戴爾並不覺得他受人尊重的作為和克里斯的冒險有什麼兩樣。

我提到克里斯的傲慢和他所犯的愚昧錯誤——原本可以避開的兩、三個大錯，最後卻奪去了他的性命。戴爾回答我：「沒錯，他失敗了，但我佩服的是他嘗試去做的事。像他那樣月復一月、完完全全地生活在曠野之中，實在無法想像有多困難。我做不到，而且我打賭，那些說克里斯無能的人也沒有幾個做得到，即使做過，可能也無法在那裡待上一、兩週以上。在曠野的樹林中長期生活，除了獵物和採集而來的植物之外，別無其他食物維生，大部分的人都不知道這究竟有多困難，但克里斯卻幾乎成功。」

戴爾邊以棍子撥弄爐火邊說：「我覺得我情不自禁地認同這個人，我實在不願承認，但要是時光倒流，處在這種險境中的可能是我。我第一次來到阿拉斯加時，可能和克里斯非常像：一樣生澀、一樣熱切。而我也相信許多阿拉斯加人初到此地時，和克里斯也有許多相似之處，包括很多批評他的人在內。也許這就是為什麼他們對克里斯這麼嚴苛的緣故，因為克里斯也許讓他們想起了從前的自己。」

戴爾的話提醒了我們這些因成年後種種瑣事而心不在焉的人，想喚回自己曾被年輕的熱情和渴望強烈衝擊的記憶，是多麼困難啊！艾佛芮特的父親在二十歲的兒子於沙漠中失蹤多年後，若有所思地說：「上一代的人不明白青春期靈魂的飛翔。我想我們都不了解艾佛芮特。」

戴爾、李斯克和我一直聊到午夜過後，試著理解克里斯的生與死，但他的本性依然模糊不清、難以捉摸。漸漸地，談話停了下來。等我起身找地方打開睡袋時，第一抹微弱的晨曦，已經把東北天空的邊緣染白。今晚蚊子很多，雖然巴士多少能夠提供一點遮蔽，但我還是決定不要在這輛一四二號公車裡過夜；在進入無夢的沉睡之前，我注意到另外兩人同樣也不願在巴士中過夜。

第18章

永遠的曠野

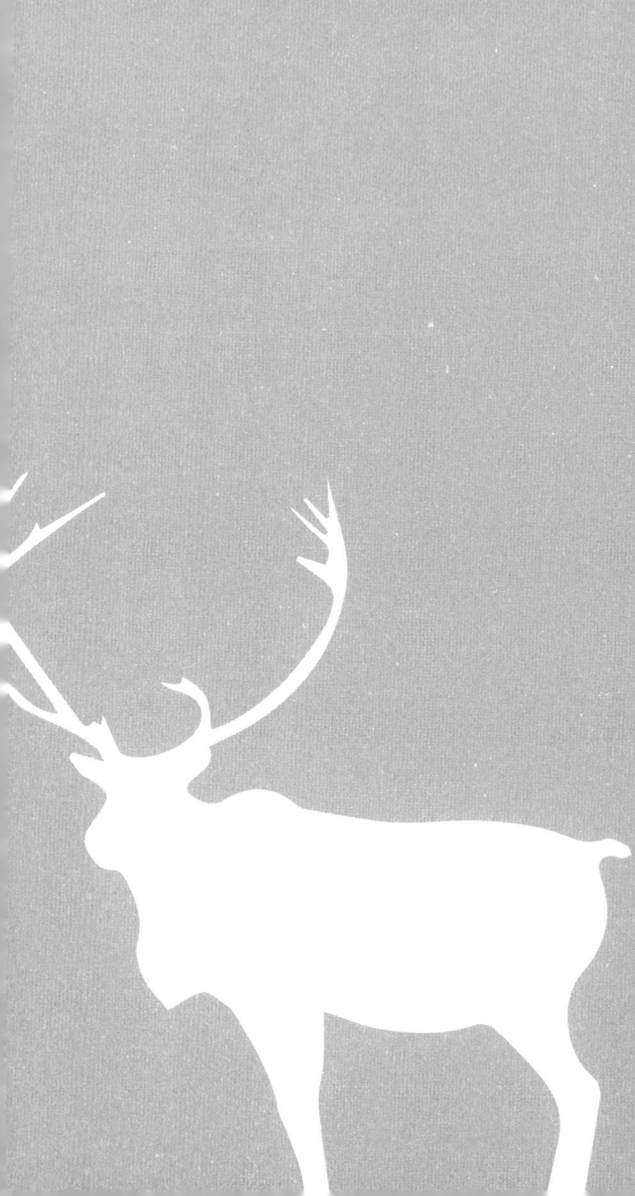

現代人幾乎無法想像以打獵維生是什麼情形。
獵人的生活是辛勞、持續的陸上旅行……
這種生活經常牽腸掛肚，
總是擔心下一次攔截可能不成功、擔心陷阱或驅趕獵物會失敗，
或者擔心獵物根本不會出現。
最重要的是，獵人的生活伴隨著損失和餓死的威脅。

—— **康貝爾，《飢餓的夏日》**（John M. Campbell, *The Hungry Summer*）

什麼是歷史？它是人類數世紀以來對死亡之謎有系統的探索，對征服死亡的期待；它是人們發現數學的無限大和電磁波的原因，也是人們譜寫交響曲的理由。如今，如果沒有充分信心，你不可能朝這個方向前進；你無法在沒有心理準備的情況下有這樣的發現，而做好這種準備的基本要素，可以在《福音書》中找到。它們是什麼？首先，愛你的鄰人，這是活力的極致形態，一旦它填滿人心，就會滿溢出來，自行消耗。其次是現代人的兩個基本理想——自由的人格和奉獻的人生，缺少它們令人害怕。

—— **巴斯特納克，《齊瓦哥醫生》；克里斯遺體附近發現的書本劃線段落**

克里斯離開曠野的嘗試，受泰克藍尼卡河水的阻礙後，在七月八日回到巴士中。我們無從得知當時他心裡想些什麼，因為他的日記裡什麼也沒有吐露。他可能根本不在乎逃生之路遭到阻斷。的確，並沒有什麼理由值得他擔心，當時正是仲夏，鄉間處處是動植物，食物供應無虞。他也許認為，如果能夠等到八月，泰克藍尼卡河水可能就會消退到足以涉過的程度。

克里斯在費爾班克斯一四二號公車鏽蝕的車身中重新安頓，回歸打獵和採集的生活。他讀托爾斯泰的《伊凡．伊里奇之死》（*The Death of Ivan Ilych*）和克萊頓的《終結者》（*The Terminal Man*）。

他在日記中提到，接連下了一週的雨。獵物似乎相當豐富，七月的後三週，他殺死了三十五隻松鼠、四隻松雞、五隻松鴉和啄木鳥，以及兩隻青蛙，並以野洋芋、野生大黃、各種漿果和大量的蘑菇做為補充。雖然表面上看來食物的量很多，但獵物的肉其實非常瘦，而且他攝取的卡路里也比所消耗的少。靠著一丁點食物勉強維生三個月後，克里斯的熱量嚴重不足，已經面臨失衡的危險。接著，在七月底，他犯了最後導致他喪命的錯誤。

他剛讀完《齊瓦哥醫生》，這本書使他激動得在書緣上草草寫下興奮的筆記，並在下面的段落劃線：

拉娜沿著朝聖者踩平的路向前走，然後轉身走入田野。她在此駐足，閉上雙眼，深深地吸入周遭遼闊原野瀰漫的花香氣息，它比親人還親、比情人還美、比書本還有智慧；霎時她重新找到了自己生命的目的，她來到人間是為了捕捉它狂野的魔力，為了給萬物應有的名聲，或者，如果她做不到，那麼因為愛的緣故，她便生育後代，讓他們為她完成。

「**大自然／純潔**」，他用大寫字體寫在書頁上方。

哦，有時候我們多麼希望能夠逃離人類無意義的雄辯，擺脫所有高尚的言語，躲在沉默的大自然中，或是躲在無言的長期辛勤工作、美好的睡眠、真正的音樂、或因情感而無法言語的人類領悟之下。

克里斯在這段文字畫上了星號和括弧，並且以黑色墨水把「躲在大自然中」圈了起來。

接著在「因此只有和身邊人們過相同的生活，能夠毫無波折地相處，才是真正的生活，而未與人分享的快樂，不是快樂……這是最令人煩惱的……」旁，他寫下了：「**快樂只有在分享時才真實**。」

我們很容易就會把後面這段筆記進一步解釋為：長久苦修的生活讓克里斯有了重大的改變；我們可以將它解釋成也許他已經準備好解除心中的武裝，打算在重返文明時，放棄單獨流浪的生活，不再逃避親密關係，重新成為人類社會的一員。但我們永遠無法得到證實，因為《齊瓦哥醫生》是克里斯所讀的最後一本書。

致命的錯誤

讀完這本書之後兩天，在他日記上出現一段不祥的文字：「**極端虛弱**，**誤食洋芋籽**，**站不起來**，**餓**。**瀕臨危險**。」在這段筆記之前，日記中沒有任何有關克里斯身處危境的敘述。他餓著肚子，貧乏的飲食使他的身體剩下皮包骨，但他的健康狀況似乎還好。然而在七月三十日之後，他的體能狀況卻突然惡化；到了八月十九日，他便過世了。

關於克里斯的情況為什麼會急轉直下的猜測不少。遺體辨識之後，韋恩隱約記起克里斯好像在南達科他州買了一些種籽才前往北方，其中可能包括一些洋芋種籽，他原本打算在樹林中安頓好之後，要闢個菜園。有個說法是，克里斯根本沒有開墾菜園（我在巴士附近並沒有看見菜園的跡象），到了七月底，他因為飢餓，於是把種籽吃掉，造成中毒。

洋芋種籽發芽之後，的確略含毒性，它們含有茄鹼（solanine），這是龍葵屬植物所含的一種毒素，短期內會造成嘔吐、下痢、頭痛和昏睡，長期食用則會影響心跳速度和血壓。不過，這個說法有嚴重的漏洞，如果克里斯因服食洋芋種籽而中毒，前提是他必須吃下許多磅的種籽。但在加利恩放他下車時，他的背包很輕，就算有，他也不太可能帶太多的種籽。

不過，另一個假設情況是他誤食了完全不同品種的洋芋種籽，這種情況比較合理。在《塔那伊那植物指南》第一二六至一二七頁中，描述了一種狄那伊那印第安人稱作野洋芋的植物，他們以它紅蘿蔔般的根部為食，植物學者稱之為 *Hedysarum alpinum*，生長在本區布滿砂石的土壤中。

根據《植物指南》：「除了野果之外，野洋芋的根部可能是狄那伊那人最重要的食物。他們用各種方式烹調它——生吃、白煮、或烤或炸，尤其喜歡浸泡在植物油或豬油中，同時也用此法加以保存。」文中繼續說明，挖掘野生洋芋的最佳時機，是「在春天土地解凍時……到了夏天它們就變得又乾又硬。」

《植物指南》的作者卡瑞向我解釋：「對狄那伊那族而言，春天是相當艱苦的時期，尤其在以前，因為此時他們賴以維生的獵物通常還沒有出現，魚群也未準時出現。因此他們得靠野洋芋為主食，一直到晚春魚群出現為止。野洋芋帶有甜味，是他們過往（現在也是）很喜愛的食物。」

地面上，野洋芋長得像叢生的藥草一般，高兩呎，朵朵優雅的粉紅色花朵，教人想起迷你香豌豆的花。克里斯由卡瑞的書中得到線索，從六月二十四日開始挖掘食用野洋芋的根部，顯然沒有什麼不良後果。七月十四日，他開始食用豌豆般的種莢，可能是因為根部已經變得太硬、太難吃了。在這段時期，他拍了一張照片，顯示一加侖的塑膠袋內裝滿了這樣的種籽，幾乎要滿出來。七月三十日，他在日記中寫下了：「**極端虛弱，誤食洋芋籽……。**」

在《塔那伊那植物指南》列舉野洋芋的下一頁，描述了關係極近的另一種植物——野生香豌豆，學名是 *Hedysarum mackenzii*。雖然這種植物稍微矮小些，但和野洋芋非常相像，即使是植物學者有時候都難以分辨。兩者之間只有一個可靠的特點可供辨別：在野洋芋的小綠葉背面，有明顯的支脈，但在野生香豌豆的葉子上看不見。

卡瑞在書中提出警告，因為野生香豌豆和野洋芋很難區分，而且「據說有毒，務必要仔細正確辨識後，才能以野洋芋為食」。在現代醫藥史上，並沒有任何人因食用 *H. mackenzii* 而中毒的紀錄，但北方的原住民顯然世代以來都知道野生香豌豆有毒，因此小心翼翼，不敢把 *H. alpinum* 和 *H. mackenzii* 搞混。

為了要找食用野生香豌豆中毒的資料，我一直追溯到十九世紀的北極探險紀錄，好不容易在約翰．李察森爵士（Sir John Richardson）的日記中找到。李察森是一名知名的蘇格蘭外科醫生、自然學者和探險家，曾經參加倒楣的福蘭克林爵士前兩次探險，僥倖生還。在第一次探險中，為謀殺食用同伴的嫌疑犯執行槍決者就是他。同時，他也是第一次為野生香豌豆寫下科學性描述，並為它取植物學名的人。一八四八年，李察森率領探險隊穿越加拿大北極圈，尋找當時已經失蹤的福蘭克林爵士時，曾對野洋芋和野生香豌豆做了一番比較。他在日記中記載野洋芋：

有長而具彈性的根，嘗起來甜如甘草，原住民經常在春天食用，但隨著季節變換，逐漸變得愈來愈硬，不再甜脆。至於灰白蔓生、較不優美但花朵較大的野生香豌豆，其根部則有毒性。辛普森堡的一名印第安老婦因為把後者誤為前者，差點送了命。幸而這種植物有催吐作用，她所吞食的所有東西全都從胃中吐了出來，使她得以恢復健康，雖然人們一度以為她不可能復原。

因此，我們很容易聯想到克里斯和印第安老婦犯了同樣的錯誤，因而導致衰弱無力。由現有的證據看來，天性魯莽的克里斯無疑地不小心犯了大錯，搞混了兩種植物，導致他的死亡。我在《戶外》雜誌的文章中，也肯定地報導了野生香豌豆是殺死這孩子的元凶。其實每一個報導克里斯悲劇的記者，也都有相同的結論。

有毒種籽

但隨著歲月流轉，我有更多機會仔細思索克里斯的死，就愈覺得這個看法沒有道理。六月二十四日起連續三週，克里斯挖了數十個野洋芋根食用，而且沒有把野生香豌豆誤當成野洋芋；那麼為什麼在七月十四日，當他開始蒐集種籽而非根部時，卻突然搞混這兩種植物？

我漸漸相信，克里斯一直小心翼翼地避開有毒的野生香豌豆，從未食用它的種籽或其他部位；他的確是中毒死亡的，但害死他的植物其實不是野生香豌豆（*H. makenzii*），而是《塔那伊那植物指南》中，被列為無毒品種的野洋芋（*H. alpinum*）。

這本指南上只說野洋芋的根部可食，它雖然並沒有提到它的種籽可食，卻也沒說種籽有毒。在任何其他已發表的文獻上，也都沒有提到野洋芋的種籽有毒。

但是其實豆科（*Leguminosae, H. alpinum* 即屬此科）中卻有許多植物含有生物鹼，這是一種化學化合物，對人和動物具有強烈的藥理效用（嗎啡、咖啡因、尼古丁、箭毒鹼、馬錢子鹼和南美仙人掌毒鹼全都是生物鹼），而且在許多含有生物鹼的植物中，毒素集中在植物體內。

費爾班克斯阿拉斯加大學的化學生態學者約翰．布萊揚（John Bryant）解釋：「在夏末，豆科中許多植物的生物鹼都集中在種皮，以防止動物食用它們的種籽。依時間不同，根部可食的植物，其種籽卻有劇毒並不奇怪。如果某種植物的確製造生物鹼，秋天來臨時，毒素很可能全都集中在種籽內。」

一九九三年我前往蘇夏納河時，蒐集了生長在巴士幾呎範圍內的野洋芋樣本，並把這些樣本中的一些乾燥種莢送去給湯瑪斯．克勞森（Thomas Clausen）博士，他是布萊揚教授在阿拉斯加大學化學系的同事。儘管克勞森和研究生艾德華．崔德偉（Edward Treadwell）的初步分析顯示種籽含有一種微量的生物鹼，但隨後更徹底的測試卻沒有發現任何生物鹼的跡象，無論有沒有毒。

我很困惑。由於克里斯七月三十日在他日記中潦草地寫下了教人不安的明確紀錄，我很難相信他就在那個日子之前吃下的大量種籽會和他的死亡無關。

在本書第一版於一九九六年出版之後很久，我依舊對克勞森和崔德偉測試的種籽不含生物鹼抱著疑問。接下來多年，我固執地爬梳科學文獻，希望能找到解釋這個難題的線索。一天下午，我正好讀到一篇文章，題為《苦馬豆素做為發黴飼料黴菌毒素中毒可能成因之鑑定》。

這篇文章描述的是一種真菌——大豆黑痣病菌（*Rhizoctonia leguminicola*），在夏季潮濕的氣候下通常會生長在許多豆科植物上。原來大豆黑痣病菌是一種黴菌，會產生一種名為苦馬豆素的強效生物鹼，牧農和獸醫都知道這種化合物是牲畜的殺手。獸醫文獻中充斥著動物因食用遭這種病菌汙染的潮濕飼料而中毒的案例。

在進一步了解豆科植物大豆黑痣病菌和苦馬豆素之間的關聯後，我頓悟了：導致克里斯死亡的並不是野洋芋的種籽；他可能是因生長在種籽上的黴菌而死。我送去給克勞森和崔德偉的乾種籽檢測結果呈陰性，因為它們沒有發黴。但有充分理由懷疑，克里斯在七月最後兩週食用的種籽，可能受到了大豆黑痣病菌的汙染。他是在七月十四日，一長段陰雨天氣期間，開始採集並食用大量的野洋芋種籽。

在兩餐之間，他把這些綠色的籽莢存放在不乾淨的潮濕夾鏈袋裡——這是黴菌繁殖的絕佳環境。如果克里斯吃的野洋芋種籽受到因大豆黑痣病菌暴發所產生苦馬豆素的汙染，那就意味著他並不完全像世人以為的那樣魯莽或無能。這表示他沒有不小心把一種植物與另一種混淆。使他中毒的植物本身並沒有毒；克里斯只是不幸吃了發霉的種籽。一個無心的錯誤，卻足以結束他的生命。

獸醫文獻中不乏動物因食用遭大豆黑痣病菌汙染的飼料，導致苦馬豆素中毒而病倒的案例。苦馬豆素中毒最明顯的症狀是神經系統症狀。根據發表在《美國獸醫協會期刊》（*Journal of the American Veterinary Medical Association*）上的一篇論文，攝入苦馬豆素的牲畜會表現出「憂鬱、步態緩慢蹣跚、皮毛粗糙、目光呆滯、消瘦虛弱、肌肉不協調，和緊張（尤其在有壓力時）。此外，病畜可能會離群獨處，凶悍難馴，並且進食和飲水可能會有困難。」苦馬豆素的效果是慢性——生物鹼很少會讓人當場致命，毒素在不知不覺中間接地抑制醣蛋白代謝所需的酵素，好像在動物體內的燃料管線製造大規模的汽阻一般，使身體無法把攝食的物體轉換為可運用的能源。如果攝取了過多的苦馬豆素，不管吃了多少食物，仍會感到飢餓。

如果停止食用瘋草，動物有時可以恢復健康，但前提是健康情況非常良好。為了要由尿中排出毒素，必須先讓毒素與葡萄糖或氨基酸分子結合，同時需要大量的蛋白質和糖分才能除去毒素，讓它由體內排出。

布萊揚教授說：「問題是如果你原來就又瘦又餓，顯然沒有多餘的葡萄糖和蛋白質，那麼便無法由體內排出毒素。飢餓已久的哺乳類攝食了生物鹼——甚至只是類似咖啡因這樣輕微的種類，都可能發生比平常更嚴重的後果，因為他們缺乏貯備的葡萄糖以排出毒素，因而生物鹼只能累積在體內。如果克里斯在半飢餓的狀態吃下大量的種籽，就可能會造成悲劇。」

克里斯因為有毒種籽而倒下，發現自己突然變得虛弱，無法走出曠野挽救自己的生命，甚至連打獵都有問題，因此愈來愈虛弱，逐漸接近餓死邊緣；他的生命急轉直下。

七月三十一日和八月一日都沒有日記。八月二日，日記上只寫著：「可怕的風」。秋天就要來臨，溫度明顯下降，白晝也愈來愈短，地球每自轉一周，白晝就縮短七分鐘，寒冷和黑暗就相對增長了七分鐘；僅僅一週，黑暗就增長了將近一小時。

「**一百天！成功了！**」他在八月五日的日記中歡欣地寫道，很驕傲自己能達到這樣重要的里程碑。「但生命在最虛弱的狀況下，死亡陰森森地迫近，成為嚴重的威脅。太虛弱了，走不出去，真的落入荒野的陷阱中。遊戲結束了。」

遭破壞的小屋

如果克里斯擁有美國地質測量局的地形圖，就會注意到在蘇夏納河上游有公園服務處的小木屋，就在巴士正南方六哩處，即使他處於極虛弱的狀態，應該還是走得到。這個小木屋就在狄納利公園內，屋內存有緊急食糧、鋪蓋和急救品，供野地中的巡警在冬季巡邏時使用。雖然地圖上並無標示，但更接近巴士約兩哩處，有兩座私人小屋——一座是由知名的希利狗拉雪橇趕狗人威爾和琳達・佛斯柏格（Will & Linda Forsberg）所有；另一座則是狄納利公園的員工史蒂夫・卡維爾（Steve

Carwile）所有，那裡應該也有一點食物。

換句話說，克里斯其實只要朝上游走三小時，就可以得救。這個悲哀的諷刺在他死後被人大加張揚；然而，即使他事先知道這些小屋的存在，也未必就能因而免於受傷。在四月中旬之後，積雪融化使得狗拉雪橇和雪地機動車愈來愈難以行駛，小木屋的人撤離之後，有人闖入這三幢小屋，恣意破壞，裡頭儲備的食物被任意放置因而遭動物啃食，或經歷風吹雨淋，全都報銷了。

一直到七月底，一名野生動物學者保羅．艾金森（Paul Atkinson）發現這次的破壞。他在外山披荊斬棘走了十哩的路，迎接他的竟是滿目瘡痍。艾金森說：「很明顯這並不是熊的傑作，我是熊的專家，因此知道熊的破壞是什麼樣子。這看起來像有人帶著釘錘到小木屋去，打壞了所有的東西。由被丟到外面的床墊旁雜草的高度來看，這個破壞行為很明顯發生在好幾星期之前。」

「完全遭到破壞，」佛斯柏格提到他的小屋時說：「沒有用釘子釘住的東西全遭搗毀，所有的燈和大部分窗戶都破了。床鋪、被褥也都被拉出來，丟在草堆裡，天花板被扯下來，燃料罐被刺穿，柴爐被移走——甚至大塊地毯也被拉出屋外，任其毀壞。所有食物都不見了，因此就算亞歷克斯找到小木屋，也不可能對他有什麼幫助。說不定他真的來過。」

佛斯柏格把克里斯當成頭號嫌疑犯，他相信克里斯在五月初抵達巴士後，誤打誤撞地發現小屋，對於文明侵入他寶貴的曠野經驗勃然大怒，因此刻意破壞了這些建築。然而這個假設卻無法解釋，為什麼克里斯沒有連巴士一起破壞。

卡維爾也懷疑克里斯，他說：「只是直覺，但我覺得他是那種要『解放曠野』的人，而破壞小木屋正是其中的一種手段。或者因為他痛惡政府，當他見到公園管理處的小木屋貼有政府的標幟時，以為三棟小木屋都是政府財產，因此決定予以迎頭痛擊；這當然有可能。」

不過政府方面倒不認為克里斯是破壞者。狄納利國家公園管理處長肯・克瑞爾（Ken Kehrer）說：「我們真的不知道是何人所為，不過公園處並不認為克里斯是嫌犯。」克里斯的日記和照片也未顯示出他曾到小木屋附近。五月初他冒險走出巴士時，照片顯示他朝北走，順蘇夏納河而下，與小木屋相反方向。就算他發現了小木屋，也很難想像他破壞了這些建築，卻不在日記中吹噓。

走向死亡

在八月六、七、八三天，克里斯的日記沒有紀錄。八月九日，他記載了自己曾射擊一頭熊，但沒有射中。八月十日，他見到一隻馴鹿，沒有射擊，但獵捕了五隻松鼠。不過，如果他體內已累積過多的苦馬豆素，這麼一點小獵物不可能提供太多營養。八月十一日，他射殺一隻松雞，把牠吃掉。八月十二日，他勉強自己走出巴士，採集漿果，並且在巴士門上貼了一張請求協助的紙條，以防萬一有人在他不在時經過這裡。他小心翼翼地以大寫字體在從果戈里小說撕下的書頁上寫著：

> S．O．S．我需要你的援助。我受了傷，瀕臨死亡，過度虛弱而無法離開此地。我孑然一身，這不是開玩笑。看在上帝的分上，請停下來救我。我在附近採漿果，晚上就會回來。謝謝。

他在紙條上簽下：「克里斯．麥克肯多斯，八月？」他知道情況的嚴重性，已經放棄多年來使用的自以為是的綽號「亞歷山大・超級遊民」，而改回自己出生時父母為他取的名字。

許多阿拉斯加人都覺得奇怪，為什麼他在絕境之中，不點起森林之火，做為危難的信號。巴士裡有滿滿近兩加侖的火爐用油，要燃起足以吸引過往飛機注意火災，或至少到沼澤地焚燒巨大的求救信號，應該不是難事。

然而和一般人想法相反的是，巴士並不在任何飛機的既定航線之下，很少有飛機飛越當地。我在史坦必德小徑停留的四天之中，根本沒見到頭頂上有任何飛機，除了飛在兩萬五千呎高度以上的商用民航機外。小飛機當然偶爾會經過看得見巴士的領空，但克里斯可能得燃起非常大的森林大火，才能確保會引起他們的注意。但正如卡琳指出的：「克里斯絕不會故意燒掉森林，即使為了救自己的性命，他也絕不會這麼做。如果有人認為他會這麼做，就是一點也不了解我哥哥。」

餓死並不是愉快的死亡方式。隨著飢餓程度的增加，身體逐漸耗損，飢餓者會因肌肉疼痛、心悸、落髮、暈眩、呼吸急促、畏寒、身心疲憊而飽受折磨；皮膚逐漸變色；因為缺乏必要的營養物質，腦部產生嚴重的化學失衡，導致痙攣和產生幻覺。不過，曾經由餓死邊緣被救回的人卻表示，瀕臨死亡之際，飢餓消失了，可怕的痛苦解除了，折磨由崇高的幸福感所取代，一種鎮靜的感受，伴隨著超凡的澄澈心靈。如果克里斯曾體驗到類似的喜悅，就足堪告慰了。

八月十二日，他在日記上寫下最後的遺言：「美麗的小藍莓。」十三至十八日，他的日記除了計算日子之外，什麼也沒有記錄。在這週的某一刻，他把拉摩的回憶錄《流浪者的教育》（*Education of a Wandering Man*）最後一頁撕下來，在這頁的一側有幾行拉摩引述羅賓森・傑佛斯（Robinson Jeffers）《逆境中的智者》（*Wise Men in Their Bad Hours*）一詩中的句子：

> 死亡是凶猛的野雲雀；然而，
> 數世紀以來，超脫於
> 肉身境界的死亡之行，
> 主要為了擺脫怯懦。
> 山岳是靜寂的石頭，人們

讚美或痛恨它們的高度，以及它們無禮的沉寂，
山岳卻不因此而軟化或苦惱，
唯有一些已逝者的思想，能有同樣的平靜。

在這頁另一端的空白部分，克里斯寫下了簡短的遺言：

我已過了快樂的一生，感謝主。再會，願上蒼保佑所有的人。

接著他爬入母親為他縫製的睡袋，陷入昏迷。他可能死於八月十八日，亦即在他步入曠野的一百一十二天後，在六名阿拉斯加人經過巴士邊，發現他的屍體的十九天前。

他最後的行動之一，是為自己照了張相片，站在巴士旁，站在浩瀚的阿拉斯加天空下，一隻手執著他最後的短簡，朝向相機鏡頭，另一手則擺出勇敢的、快樂的再見姿勢。他的臉憔悴得厲害，幾乎只剩皮包骨，但如果他在生命盡頭曾經憐憫

過自己——因為他如此年輕，如此孤獨；因為他的身體辜負了他，他的意志使他失望——由照片上也看不出來。相片中的他微笑著，而他的眼神無疑地流露著：克里斯·麥克肯多斯終於如僧侶般平靜地、心如止水地走向上帝的懷中。

尾聲

然而，最後的哀傷記憶依然徘徊不去，
且如浮霧般不時飄過，阻絕了陽光，凝結了快樂時光的回憶。
曾經擁有筆墨難以形容的歡樂，也有教人不忍追憶的悲傷；
我心中千頭萬緒，只能說：
聽憑你的意願向上攀爬，但謹記，
如果不夠謹慎，勇氣和力量就一無用處。
一失足成千古恨，切勿魯莽行事，務必三思而後行；
開始行動時，先想想可能的結局。

—— **溫珀，《攀登阿爾卑斯山》**
（Edward Whymper, *Scrambles Amongst the Alps*）

我們在時間的琴聲中入睡，
在上帝的沉默中醒來 —— 如果我們曾醒過。
然後，當我們醒來面對永恆的時間深岸，
當眩目的黑暗掩蓋了時光的遠坡，
這正是拋卻一切的時機 —— 例如我們的理智和意志；
然後，該是我們爲回家而努力的時候。

除了思想，除了心思堅定的轉動、
心靈緩慢學習該去哪裡和該愛誰之外，沒有其他事物。
其餘都只是蜚短流長，以及留待他日的故事。

—— **迪勒，《堅定的聖人》**（Annie Dillard, *Holy The Firm*）

直升機努力地向上爬升，隆隆越過希利山肩。高度表指針超過五千呎之後，我們飛過土黃色的山脊，大地低垂在我們腳下，塑膠擋風玻璃上可見到令人驚心動魄的苔原景象。我可以辨識出遠處的史坦必德小徑，在大地上由東到西切出模糊彎曲的線條。

比莉坐在前座；華特和我在後座。自山姆出現在他們奇沙比克灣的家門前，告知他們克里斯已死的消息之後，他們已整整歷經了十個月的痛苦生活。他們覺得，該是前往孩子死亡的地點親眼看看的時候了。

華特已經在費爾班克斯待了十天的時間，履行他和太空總署的合約，針對搜救任務開發空中雷達系統，讓搜救人員能在數千英畝布滿密林的原野中，搜尋失事飛機的遺骸。幾天來，他漫不經心、暴躁易怒。兩天前才抵達阿拉斯加的比莉向我坦白，華特很難對巴士現場之行淡然處之；但教人驚訝的是，她卻覺得平靜而專心，甚至期待這次的旅行已經好一陣子了。

搭直升機是最後一分鐘才決定的。比莉非常渴望沿著克里斯曾走過的史坦必德小徑前往一四二號公車，為此她和希利礦工奇利安聯繫，克里斯屍體被發現的時候，奇利安也在現場。他同意用他的水陸兩用車載送華特和比莉到巴士現場。但前一天奇利安打電話到他們的旅館，告訴他們泰克藍尼卡河水位還是很高，他擔心水位可能太高，甚至連他的兩棲八輪 Argo 車也不能安全渡過，因此比莉和華特才改搭直升機。

在飛機下方兩千呎處，斑駁的綠色沼澤地和針樅林相互交錯，覆蓋了坡度平緩的田野。泰克藍尼卡河好像一條棕色的長緞帶，被人恣意丟棄在大地上。一個不尋常的發亮物體，在兩條小溪匯流處出現：費爾班克斯一四二號公車。我們花了十五分鐘，就走完克里斯步行了四天的行程。

直升機嘈雜地停在地面上，駕駛把引擎關掉，我們跳下沙地，一會兒之後，這架機器在螺旋槳亂流之下起飛，留下被無邊的靜默圍繞的我們。華特和比莉站在距巴士十呎處，凝視著那輛奇怪的車子，一言不發。三隻松鴉由附近的白楊樹上掠過。

終於，比莉打破沉默：「它比我想像的小，我是指巴士。」接著她環顧四周說：「多麼美的景色，不禁令我想起自己生長的地方。喔，華特，這裡就像上半島！克里斯一定喜歡待在這裡。」

華特皺眉說：「我有許多理由不喜歡阿拉斯加，好嗎？但我不得不承認，這裡有某種美，難怪克里斯會受吸引。」

之後的三十分鐘，華特和比莉靜靜地走在老舊的巴士旁，漫步走下蘇夏納河，探訪旁邊的樹林。

比莉首先進入巴士，華特由溪畔回來，發現她坐在克里斯過世的床墊上，環視著巴士破舊的內部。好一會兒，她靜靜地凝視著爐下她兒子的靴子、他牆上的字跡，和他的牙刷；但如今已經沒有淚水。她收拾起桌上的凌亂物品，彎下身來檢視柄上有特殊花紋圖案的湯匙。「華特，看這個，」她說：「這是我們在安納岱爾房子裡所用的湯匙。」

比莉在巴士前拾起一件克里斯破舊補釘的牛仔褲。她閉上眼睛，把牛仔褲貼上臉龐。「聞聞看，」她苦笑著敦促丈夫：「聞起來還有克里斯的味道。」過了一陣子，她似乎是對著自己而非旁人說：「他一定非常勇敢，非常堅強，因此到最後沒有自殺。」

接下來的兩個小時，比莉和華特在巴士內外走動；華特在進門處設了紀念碑，是一塊簡樸的銅板，上面刻了幾個字，比莉在其下用雜草、附子、西洋蓍草和針樅枝製成花束。在巴士後半部的床底下，她留下一個手提箱，箱內裝了急救設備、罐頭食物、其他求生用品，以及一張紙條，呼籲看到這張紙條的人，不論是誰，「盡快打電話回家。」手提箱裡還有一本克里斯小時候用的《聖經》，雖然她承認：「自克里斯死後，我再也沒祈禱過。」

華特沉思良久，很少開口，但卻顯得比多日來自在得多，他坦承：「我不知道該如何因應這個，」他指著巴士：「但現在我很高興我們來了。」他說，這個短暫的拜訪，讓他略微了解為什麼他兒子會來到這裡。克里斯依然有讓他困惑的地方，而且永遠如此，但他現在已經沒有原來那樣迷惑了，他很感激有這樣的安慰。

比莉解釋道：「知道克里斯在這裡，知道他有一段時間待在河邊，站在這塊土地上，令我們很欣慰。過去三年中，我們去過許多地方——我們也懷疑克里斯是否曾去過那裡。不知道事實真相太可怕了，尤其什麼也不知道的時候。」

「許多人都告訴我，他們欣賞克里斯所嘗試去做的，如果他還活著，我也會同意，但他卻死了，而且沒有任何方法能使他復生。你無法改變這個事實，很多事情可以改變，但這個不行。我不知道你是否曾經歷這樣的失落。克里斯離開人世的事實，是我每天都深深感受到的沉重打擊，非常沉痛。有些日子也許略好一點，但終我一生，仍將非常沉痛。」

突然間，直升機震動的嘈雜聲劃破了寂靜，直升機由雲端盤旋下降，停在一片雜草上。我們爬進直升機，直上雲霄，翱翔了一陣，才朝東南急轉彎。有幾分鐘，還可以由矮小的樹叢中見到巴士車頂，像大自然的綠海中一道小小的白色閃光，愈來愈小，愈來愈小，最後消失不見。

後記

寫於《阿拉斯加之死》出版十九年後

關於克里斯・麥克肯多斯的死因，以及他是否值得欽佩的相關問題，迄今二十多年來一直都在小火悶燒，偶爾火勢也會加大變旺。在本書第一版於一九九六年一月出版後不久，阿拉斯加大學的化學家艾德華・崔德偉和湯瑪斯・克勞森就駁倒了我的理論，即克里斯的死因是野洋芋（*Hedysarum alpinum*）這植物的種籽所含的一種有毒生物鹼。崔德偉和克勞森完成了我寄給他們的野洋芋種籽化學分析，沒有發現任何有毒化合物的跡象。克勞森博士二〇〇七年向《男士》月刊（*Men's Journal*）解釋時說：「我把那棵植物徹底拆解了，沒有毒素，不含生物鹼。就連我自己也會食用它。」

根據崔德偉和克勞森的檢測，野洋芋的種籽並沒有毒。於是我對克里斯的死因提出了一個新的假說，並把它納入本書二〇〇七年更新的版本：造成克里斯死亡的不是種籽，而是生長在種籽上的一種黴菌產生了有毒的生物鹼。

然而，我沒有確鑿的證據來支持這種說法，因此我繼續尋找資料，想要協調克里斯明確的日記內容（陳述他因為食用野洋芋種籽而變得極度虛弱，置身險境），和崔德偉與克勞森顯然同樣明確的化學分析結果。這些結果在二〇〇八年得到了更進一步的證實，他們在《民族植物學研究與應用》（*Ethnobotany Research and Applications*）期刊上發表了題為〈*Hedysarum mackenziei*（野生香豌豆）真的有毒嗎？〉的同儕審查論文。崔德偉與克勞森寫道，在完成「對這兩種植物（*H. alpinum* 和 *H. mackenzii*）二級化學的詳盡比較，並在這兩個種之間搜尋含氮代謝物（生物鹼）之後，我們並沒有找到毒性的化學基礎。」

二〇一三年八月，我偶然讀到一篇論文，題為〈寂靜的火：ODAP和克里斯多福．麥克肯多斯之死〉，作者是羅納德．漢米爾頓（Ronald Hamilton），這篇論文似乎解決了這個難題。漢米爾頓在網路上發表的這篇文章提出了先前未知的證據，顯示野洋芋植物其實劇毒，和崔德偉、克勞森，以及顯然其他每一位對這個課題發表過意見專家的信念都相反。據漢米爾頓的說法，*H. alpinum* 中的毒素並非如我所推測的是一種生物鹼，而是一種胺基酸，它是克里斯死亡的最終原因。

漢米爾頓既不是植物學家，也不是化學家；他是作家，直到最近一直都在賓州印地安那大學圖書館擔任裝訂師傅。漢米爾頓解釋說，他在二〇〇二年得知了克里斯的故事，當時他恰好得到一本《阿拉斯加之死》。他瀏覽了一下，突然想到：「我知道此人為什麼死亡。」他的直覺源自於他對瓦普尼亞卡（Vapniarca）的了解，這是個鮮為人知的二次大戰集中營，位於當時德國占領的烏克蘭地區。

「我最初是透過一本書得知瓦普尼亞卡，書名我早就忘了，」漢米爾頓告訴我，「書中有一章對瓦普尼亞卡只有最簡單的敘述。……但在讀過《阿拉斯加之死》後，我在網路上找到了一份關於瓦普尼亞卡的文稿。」後來在羅馬尼亞，他找到了當年這個集中營行政官員的兒子，他送了一批文件給漢米爾頓。

一九四二年，瓦普尼亞卡的一名軍官進行了一項令人毛骨悚然的實驗，他給猶太囚犯吃麵包和山黧豆（grasspea，即 *Lathyrus sativus*）的種籽所做的湯。山黧豆是常見的豆科植物，自古希臘希波克拉底（Hippocrates，醫學之父）時代起，人們就知道它有毒。「很快地，」漢米爾頓在〈寂靜的火〉中寫道：

也是這個集中營囚犯的猶太醫師亞瑟．凱斯勒（Arthur Kessler）明白這實驗的意味，尤其是不到幾個月，數百名集中營的年輕男囚犯就跛了腳，只能用棍子做為枴杖，才能推著自己四處走動。在有些病例中，囚犯很快就落到只能用臀部在建築物裡爬行的地步……等到囚犯攝取的這種元凶植物分量到一定程度，他們的體內就好像點燃了寂靜的火。吃過山黧豆的人不可能由這種火中回頭——它一旦點燃，就會一直燃燒，直到最後腿瘸了為止……吃的愈多，後果就愈嚴重——但無論如何，山黧豆一旦開始發揮作用，就根本沒辦法扭轉……。

即使在今天，在此刻，山黧豆仍會致殘（和）使人瘸跛……目前估計（整個二十世紀）全球有逾十萬人因為攝取了這種植物，而（遭受）不可逆轉的癱瘓。這種疾病就平鋪直敘地稱為「神經性山黧豆中毒」，或者更普遍的「山黧豆中毒」。

最先看出在瓦普尼亞卡進行這邪惡實驗的凱斯勒醫師，在那個恐怖時期死裡逃生。戰爭結束後，他退居以色列，在那裡開了一家診所，照顧、研究和嘗試治療瓦普尼亞卡眾多山黧豆中毒的受害者，許多受害人也遷往以色列。

原來有害的物質是一種神經毒素，β－N－草醯－L－α－β－二氨基丙酸，一種通常稱為β－ODAP的化合物，或更常見的簡稱ODAP。根據漢米爾頓的說法：

ODAP以不同的方式影響不同的族群、不同的性別，甚至不同的年齡層。……不過關於ODAP中毒一個不變的常數，非常簡單地說，就是：受影響最嚴重的永遠是十五至二十五歲之間的年輕人，以及基本上處於飢餓狀態，或者熱量攝取非常有限的人，和一直從事劇烈體力活動，以及因為飲食粗陋、缺乏變化，因而缺乏微量元素的人。

ODAP於一九六四年發現。它過度刺激神經受體，導致它們死亡，因而引起癱瘓。正如漢米爾頓所解釋的：

目前尚不清楚原因，但對這種災難性的失調，最容易受到影響的神經元是調節腿部動作的神經元……如果死亡的神經元多到某個程度，就會造成癱瘓……（病情）永遠不會好轉；總是愈來愈差。訊號變得愈來愈弱，直到它們完全停止。受害者感受到「光是站起來就很困難。」許多人很快就虛弱到無法行走。到那時，他們唯一能做的就是爬行……

漢米爾頓讀完《阿拉斯加之死》，確信ODAP該為克里斯的悲慘結局負責。他去找賓州印地安那大學生化系的助理主任喬納森・索薩德（Jonathan Southard）博士，說服他指派一位學生溫蒂・葛魯伯（Wendy Gruber）測試 *H. alpinum* 和 *H. mackenzii* 兩者的種籽是否含有ODAP。二〇〇四年葛魯伯完成測試，她認為在兩種 *Hedysarum* 植物中，似乎都有ODAP存在，但她的結果並非絕對肯定。她報告說，「要能夠確定ODAP存在這些種籽中，我們需要用另一個層面的分析，可能要透過 HPLC-MS」——high-pressure liquid chromatography（高效液相層析法）。只是葛魯伯既沒有這方面的專業知識，也沒有資源用HPLC來分析種籽，因此漢米爾頓的假設仍未得到證實。

為了想知道漢米爾頓的理論是否可信，我在二〇一三年八月送了一百五十公克新採的野洋芋種籽到密西根州安娜堡的阿佛明化學實驗室（Avomeen Analytical Services）做HPLC分析，確定種籽按重量含有〇．三九四％的ODAP，這個濃度就在已知會導致人類山黧豆中毒的範圍內。二〇一三年九月十二日，我在題為〈克里斯．麥克肯多斯怎麼死的〉文章中報導了阿佛明實驗室的結果，這篇文章發表在《紐約客》網站上。

五天後，費爾班克斯的記者德莫特．柯爾（Dermot Cole）在《阿拉斯加遞信報》（*Alaska Dispatch*）網站上刊登了一篇題為《克拉庫爾關於麥克肯多斯的瘋狂理論漠視了科學》的報導。柯爾寫道：

> 克拉庫爾應該採納已退休的阿拉斯加大學費爾班克斯分校有機化學家克勞森的建議，他大部分生涯都在研究阿拉斯加的植物及其特性。
>
> 克勞森說，缺乏同行評審的科學研究，他不會對一個高度技術性且複雜的科學

問題做出任何結論。

為一般讀者做流行的解釋，與接受同行評審的期刊，兩者之間的差別在於前者只有一、兩個編輯可能會查核，而後者卻會受到嚴謹的檢驗，以揭露草率馬虎的研究。

克勞森說，他對（漢米爾頓）和克拉庫爾兩人都得到野洋芋種籽內有ODAP存在的這個結論無可反駁。

克勞森在一封電郵中寫道：「話雖如此，讓我繼續發表我的看法，那就是我對整個故事非常懷疑，……如果我讀的是來自可靠同行評審專業人士的報告，我會信服得多。」

我明白克勞森是對的：我不能百分之百確定這些種籽有毒，除非我做更多更深入的分析，然後把結果發表在有信譽的同行評審期刊上。於是我展開了另一輪測試。

我先請阿佛明實驗室用液相層析質譜儀（Liquid Chromatography Mass Spectrometry，簡稱 LC-MS）分析這些種籽。這次的測試檢測到一種重要的種籽成分，其分子量為一七六，這是ODAP的分子量，似乎印證了先前HPLC的結果。接下來，阿佛明實驗室建議我們用液相層析串聯質譜儀（LC-MS/MS）讓分析達到更高的解析度。結果證實了我們研究的這個化合物質量是一七六，但這個化合物的碎片離子模式或「指紋」，與同樣也做分析的純ODAP樣本碎片離子指紋不合。換句話說，在 *H. alpinum* 種籽中沒有ODAP存在。LC-MS/MS 最後否定了漢米爾頓的假設。

然而 LC-MS/MS 的分析，顯示種籽中有一個結構類似於ODAP的化合物大量存在的可能性。於是我再度爬梳科學文獻，這一回更加詳盡閱讀我所能找到的每一份關於分子量為一七六的有毒非蛋白胺基酸論文。教我驚訝的是，最後我發現了一位名叫布德松（B. A. Birdsong）的科學家所寫的文章，發表在一九六〇年版的《加拿大植物學期刊》（*Canadian Journal of Botany*）上，文中說，*H. alpinum* 種籽含有一種有毒胺基酸稱為L－刀豆胺酸（L-canavanine），而L－刀豆胺酸的質量正好就是一七六。

我先前的搜尋錯過了這篇文章，因為我一直在尋找有毒的生物鹼，而不是有毒的胺基酸。克勞森和崔德偉也忽略了這篇文章。

布德松和合著的同僚是用一種稱作紙色層分析－五氰基氨鐵酸三鈉比色分析法（paper chromatography-trisodium pentacyanoammonioferrate colorimetric analysis，或稱ＰＣＡＦ）的技巧，確定了種籽中含有Ｌ－刀豆胺酸。考慮到所有的爭議，並且因為自布德松調查以來的五十四年裡，植物成分的分析方法有了大幅的進步，因此我請阿佛明實驗室用否決ＯＤＡＰ存在的同一技術：LC-MS/MS，評估種籽中是否存在Ｌ－刀豆胺酸。等阿佛明的科學家完成了研究，他們確定 *H. alpinum* 的種籽確實含有高濃度的Ｌ－刀豆胺酸——重量比率達到一．二％。

後來證實，Ｌ－刀豆胺酸是一種抗代謝物，貯存在許多豆科植物的種籽中，用來對抗掠食者，科學文獻中詳細記載了它對動物的毒性。已經有多起牛隻在食用了刀豆（jack beans，學名 *Canavalia ensiformis*）之後中毒的病例，它的種籽乾重含有約二．五％的Ｌ－刀豆胺酸；誤食之後的症狀包括後軀僵硬、進行性虛弱、肺氣腫，和淋巴腺出血。

儘管幾乎沒有關於刀豆胺酸引起人類疾病的臨床或流行病學研究，但卻有食用刀豆種籽的人產生中毒反應的軼聞報導。一篇刊登在德國權威《藥學》（*Die*

Pharmazie）期刊上的文章就提到：「關於這種植物造成中毒的零星報告，可能不足以反映在務農時因它而造成的實際中毒事件數量，因為其原因很難識別。」

索薩德博士、龍瀛（譯音，Ying Long）博士、安德魯・柯伯特（Andrew Kolbert）博士、施里・塔內達（Shri Thanedar）博士和我合寫了一篇論文，題目是〈野洋芋種籽中的L－刀豆胺酸及它在克里斯・麥克肯多斯之死中的可能角色〉，發表在同儕審查的期刊《曠野與環境醫學》（*Wilderness and Environmental Medicine*）二〇一四年十月號。在文章的結論中，我們寫道：

> 我們的結果證實了L－刀豆胺酸（一種在哺乳動物中已證明具有毒性的抗代謝物）是野洋芋 *H. alpinum* 種籽的重要成分……在克里斯・麥克肯多斯的例子，證據顯示在他死亡前一段時間的貧瘠飲食中，野洋芋的種籽占了極大的比例。基於這點和L－刀豆胺酸毒性的已知事實，我們得出邏輯的結論：在這些條件下，攝取相對大量的這種抗代謝物有極大的可能是導致他死亡的因素。

克里斯的死應該做為對其他覓食者的警告：即使植物的某些部分已知可食用，

但同一物種的其他部分卻可能含有濃度達到危險程度的有毒化合物。此外，在野洋芋的各個群落之間，L－刀豆胺酸的濃度可能也有季節性和生態型的變化。在這種植物不同群落之間的L－刀豆胺酸濃度範圍，還需要進一步的研究確定。鑑於L－刀豆胺酸的已知毒性及它在野洋芋種籽中確定的存在，在攝取這些種籽之前謹慎考量似乎是明智之舉，尤其是在它占飲食重大比例的情況下。

儘管漢米爾頓對ODAP在克里斯死亡中所扮演的角色看法有誤，但他卻正確地指出野洋芋的種籽有毒，而且有毒的成分是胺基酸，而非生物鹼。我非常感謝漢米爾頓發表〈寂靜的火：ODAP和克里斯多福．麥克肯多斯之死〉，因為如果他沒有這樣做，我就不太可能會發現布德松的文章，因而永遠不會知道在野洋芋種籽中含有L－刀豆胺酸。在〈寂靜的火〉接近尾聲時，漢米爾頓推敲說：

可以說克里斯確實是在阿拉斯加的曠野餓死，但這純粹是因為他中毒了，這毒讓他太虛弱而無力移動、狩獵或覓食，到最後，「極端虛弱」、「太虛弱了，走不出去」，並且「站不起來」。按照這種情況最專精的意義，他並不是真正餓死……（但）使他喪命的不是傲慢，而是無知……，這情有可原，因為他死亡背後的真相一直沒有被所有的人了解，科學家和一般人都一樣，名副其實達數十年之久。

確定有毒種籽對克里斯的死至少有部分的責任，不太可能說服許多阿拉斯加人對他抱持較同情的看法，但這或許可以防止其他偏遠地區的覓食者意外中毒。如果克里斯的食用植物指南警告過野山芋種籽含有「劇毒的第二成分」，如科學文獻中所述的L－刀豆胺酸，他可能就會在八月底走出曠野，一如他在四月時走入曠野一樣輕鬆，而且迄今仍然活在人世。果真如此，克里斯現在就已經四十六歲了。

強・克拉庫爾

二〇一五年四月

中英地名對照表

（依中文筆畫順序）

三畫

土桑　Tucson
大沙漠　Gran Desierto
大強克遜　Grand Junction
大強克遜郡　Grand Junction Co.
大深谷　Grand Gulch
大理石峽谷　Marble Canyon
大蘇爾　Big Sur

四畫

五十哩點　Fiftymile Point
內華達山　Sierra Nevada
內灣水道　Inside Passage
切岸　Cut Bank
太平洋屋脊步道　Pacific Crest Trail
尤里卡　Eureka
尤斯貝利市　Usibelli
巴雅半島　Baja Peninsula
木哈未沙漠　Mojave Desert
比爾威廉斯河　Bill Williams River
牛頭市　Bullhead City

五畫

包威爾湖　Lake Powell

北極國家野生保育區　Arctic National Wildlife Refuge

北極鎮　North Pole

卡希特納冰河　Kahiltana Glacier

卡塔丁山　Mt. Katahdin

卡爾維爾灣　Callville Bay

卡邁爾　Carmel

台維斯小溪　Davis Creek

台維斯峽谷　Davis Gulch

史代肯冰帽　Stikine Ice Cap

史坦必德小徑　Stampede Trail

史坦必德溪　Stampede Creek

史庫克姆卻克　Skookumchuck

史普魯斯街　Spruce Street

外山　Outer Range

尼納納河　Nenana River

尼德斯　Needles

尼蘭市　Niland

布里肯山　Breckenridge

布萊斯峽谷　Bryce Canyon

布爾德　Boulder

布魯克斯山脈　Brooks Range

弗朗特山　Front Range

弗雷斯諾　Fresno

田布克杜　Timbuktu

白馬市　Whitehorse

皮斯妥河　Pistol River

六畫

吉格港　Gig Harbor

地基板　Slabs

安布勒　Ambler

安吉利斯港　Port Angeles

安克拉治　Anchorage

安納岱爾市　Annandale

安薩沙漠州立公園　Anza-Borrego Desert State Park

托弗地　Tofty

托克勒特河　Toklat River

托波克　Topock

托倫斯市　Torrance

托基納村　Talkeetna

老抹布山　Old Rag

艾斯卡蘭特　Escalante

艾斯托利亞　Astoria

艾斯瑞吉　Ethridge

西北航道　Northwest Passage

西波拉國家野生動物保護區　Cibola National Wildlife Refuge

七畫

亨普托利普斯　Humptulips

佛萊德瑞克海灣　Frederick Sound

克拉克湖　Lake Clark

克雷坡　Clay Hills
坎蒂希納山　Kantishna Hills
坎蒂希納平原　Kantishna plain
巫婆大鍋冰河　Witches Cauldron Glacier
希利　Healy
我的老天溫泉　Oh-My-God Hot Springs
沙爾頓市　Salton City
沙爾頓海　Salton Sea
狄納利國家公園　Denali National Park
育空地區　Yukon Territory
育空堡　Fort Yukon
貝爾德冰河　Baird
辛普森堡　Fort Simpson

八畫

亞歷山大群島　Alexander Archipelago
坦波巴路　Temple Bar Road
奇沙比克灣　Chesapeake Bay
岩中洞　Hole-in-the-Rock
帕波斯　Papós
彼德茲堡　Petersburg
拉丁姆接點　Radium Junction
拉夫林市　Laughling
杭特山　Mt. Hunter
波瑞格．沙爾頓航道　Borrego-Salton Seaway
金曼　Kingman
阿卡塔　Arcata

九畫

南姊妹峰　South Sister
哈瓦蘇湖　Lake Havasu
奎茲　Queets
契可鎮　Chico
威菲維爾　Weaverwille
威廉王子灣　Prince William Sound
威爾森台地　Wilson Mesa
帝王谷　Imperial Valley
帝王谷運河　Imperial Valley Canal
帝王國家野生動物保護區　Imperial National Wildlife Refuge
查爾基齊克　Chalkyitsik
柯瓦利斯　Corvallis
柯多瓦　Cordova
柯林河　Coleen River
柯林斯溪　Collins Creek
柳溪　Willow Creek
科奇拉　Coachella
科羅拉多河　Colorado River
科羅拉多河印第安保留區　Colorado River Indian Reservation
約馬實驗場　Yuma Proving Ground
紅崖城　Red Bluff
胡佛水壩　Hoover Dam
迦太基市　Carthage
酋長岩　El Capitan

十畫

哥倫比亞河　Columbia River
庫克灣　Cook Inlet
庫斯灣　Coos Bay
庫頓市　Colton
恩德林　Enderlin
朗斯峰　Longs Peak
桑勃斯特　Sunburst
泰克藍尼卡河　Teklanika River
泰浩湖　Lake Tahoe
海豹石　Seal Rock
狼鎮　Wolf Township
納瓦荷山　Navajo Mountain
馬爾科姆島　Malcolm Island

十一畫

基線路　Baseline Road
密契爾　Mitchell
密得湖　Lake Mead
密得湖國家遊樂區　Lake Mead National Recreation Area
彩虹橋　Rainbow Bridge
曼桑尼塔　Manzanita
梅薩維德　Mesa Verde
清水支流　Clearwater Fork
莫哈維谷公路　Mohave Valley Highway
莫洛斯水壩　Morelos Dam
莫洛灣　Morro Bay
雀力峽谷　Canyon de Chelly

雪南多　Shenandoah

麥金萊山　Mt. McKinley

十二畫

凱恩塔　Kayenta

喀布克河　Kobuk River

喀斯開山脈　Cascade Range

喬治王子市　Prince George

喬治亞海峽　Strait of Georgia

喬治帕克斯公路　George Parks Highway

棕櫚泉　Palm Springs

欽利　Chinle

湯森港　Port Townsend

湯瑪斯灣　Thomas Bay

登德斯島　Dundas Island

華勒泰可運河　Wellteco Canal

費茲修灣　Fitz Hugh Sound

費爾法克斯郡　Fairfax County

費爾班克斯　Fairbanks

賀奎姆　Hoguiam

黑河　Black River

十三畫

塔納納河　Tanana River

奧瑞克市　Orick

奧瑞克灘　Orick Beach

瑞特山　Mt. Ritter

瑟袞多　El Segundo

聖哈辛多山頂　San Jacinto Peak

聖胡安河　San Juan River

聖塔巴巴拉　Santa Barbara

聖塔克拉拉　El Golfo de Santa Clara

葛林利市　Greeley

葛林峽谷水壩　Glen Canyon Dam

詹姆斯城　Jamestown

賈斯伯　Jasper

路易斯湖　Lake Louise

道森溪　Dawson Creek

十四畫

福克斯　Forks

十五畫

嬉皮灣　Hippie Cove

摩西齒峰　Mooses Tooth

魯比肯河　Rubicon

魯卡丘凱　Lukachukai

十六畫

獨立運河　Canal de Independencia

賴爾德河溫泉區　Liard River Hotsprings

錫安峽谷　Zion Canyon

十七畫

優勝美地　Yosemite

戴崔特河床　Detrital Wash

十八畫

薩可溫泉　Saco Hot Springs

藍嶺　Blue Ridge Mountains

十九畫

懷特菲什　Whitefish

羅斯維爾市　Roosville

邊界山脈　Boundary Ranges

二十畫

蘇夏納河　Sushana River

蘇瀑市　Sioux Falls

二十一畫

蘭哥海峽　Wrangell Narrows

鐵山　Iron Mountain

露絲冰河　Ruth Glacier

魔鬼拇指山　Devils Thumb

國家圖書館出版品預行編目（CIP）資料

阿拉斯加之死／強・克拉庫爾（Jon Krakauer）著；莊安祺譯 . -- 四版 . -- 臺北市：遠見天下文化出版股份有限公司 , 2023.12

面；　公分 . --（文學人生；BLH122）

譯自：Into the wild

ISBN 978-626-355-535-8（平裝）

1. CST：麥克肯多斯（McCandless, Christopher Johnson, 1968-1992）
2. CST：傳記

785.28　　　112019652

文學人生 BLH122

阿拉斯加之死

Into the Wild

作者 — 強・克拉庫爾 Jon Krakauer
譯者 — 莊安祺

總編輯 — 吳佩穎
責任編輯 — 周宜靜（特約）、楊慧莉（特約）、陳怡琳
封面設計 — BIANCO TSAI
封面繪圖 — 陳炳旭
內頁排版 — 張靜怡、楊仕堯

出版者 — 遠見天下文化出版股份有限公司
創辦人 — 高希均、王力行
遠見・天下文化 事業群榮譽董事長 — 高希均
遠見・天下文化 事業群董事長 — 王力行
天下文化社長 — 林天來
國際事務開發部兼版權中心總監 — 潘欣
法律顧問 — 理律法律事務所陳長文律師
著作權顧問 — 魏啟翔律師
地址 — 台北市 104 松江路 93 巷 1 號 2 樓

讀者服務專線 — (02) 2662-0012 ｜傳真 — (02) 2662-0007；(02) 2662-0009
電子郵件信箱 — cwpc@cwgv.com.tw
直接郵撥帳號 — 1326703-6 號　遠見天下文化出版股份有限公司

製版廠 — 東豪印刷股份有限公司
印刷廠 — 祥峰印刷事業有限公司
裝訂廠 — 聿成裝訂股份有限公司
登記證 — 局版台業字第 2517 號
總經銷 — 大和書報圖書股份有限公司 電話／ (02) 8990-2588
出版日期 — 1998 年 1 月 10 日第一版
2023 年 12 月 20 日第四版第 1 次印行

定價 — NT 480 元
ISBN — 978-626-355-535-8
EISBN — 9786263555181（EPUB）；9786263555198（PDF）
書號 — BLH122
天下文化官網 — bookzone.cwgv.com.tw

天下文化

BELIEVE IN READING